shen
me
shi
xing
fu

# 什么是幸福

"幸福广东"是一个新的信号,新的社会理念,新的社会发展模式,是"科学发展"与"和谐社会"的最富有创造性、最有社会主义伦理意味的、标志性的核心概念。

万俊人　等著

## 图书在版编目（CIP）数据

什么是幸福 / 万俊人等著.—广州：广东教育出版社，2011.7（2011.11 重印）
ISBN 978-7-5406-8297-2
Ⅰ.①什… Ⅱ.①万… Ⅲ.①幸福-研究 Ⅳ.①B82

中国版本图书馆CIP数据核字（2011）第125024号

责任编辑　李木子
特约编辑　王　静　徐　刚　史玉梅
责任技编　涂晓东
整体设计　黎国泰
插　　图　张绮华

| | |
|---|---|
| 出版发行 | 广东教育出版社<br>（广州市环市东路472号12-15楼）<br>邮编：510075　网址：http//www.gjs.cn |
| 经　　销 | 广东新华发行集团股份有限公司 |
| 印　　刷 | 广州市岭美彩印有限公司<br>（广州市荔湾区花地大道南海南工商贸易区A幢） |
| 开　　本 | 787毫米×1092毫米　1/32 |
| 印　　张 | 7.375 |
| 字　　数 | 150 000 |
| 版　　次 | 2011年7月第1版　2011年11月第3次印刷 |
| 印　　数 | 14001-24000册 |
| 书　　号 | ISBN 978-7-5406-8297-2 |
| 定　　价 | 28.00元 |

质量监督电话：020-87613102　购书咨询电话：020-87621848
王静　电话：38874298　传真：38874546

# 编委会

总策划：蒋 斌　田 丰　朱仲南
策　划：朱新行　王桂科　曾凡光　陈 实
　　　　 冯胜平
编　委：杨小蓉　郭天文　刘正春　应中伟
　　　　 林楚顺　邢 慧　陶 已
执　行：广东省省情调查研究中心
　　　　 广东岭南文博研究院

# 目录

前言 〉〉〉001

## 一 为啥谈幸福 〉〉〉001

### "幸福广东"的由来 〉〉〉003
"幸福广东"是一个新的信号,新的社会理念,新的社会发展模式,是"科学发展"与"和谐社会"的最富有创造性、最有社会主义伦理意味的、标志性的核心概念。

### 列车正在拐弯 〉〉〉017
从封建社会到现代社会,西方社会大概经历了三百年的艰难转型,而我国只花了不到一百年的时间。这在古今中外是绝无仅有的。

### 幸福:五味瓶+麻辣烫 〉〉〉031
幸福是一种主观感受,它与人们的心态有关,与人们的思维方式、考虑问题的角度一致。如今社会转型太快,很多公平问题照顾不到,个人的心理调试出现了危机。

### 幸福新主义 〉〉〉041
三十多年里我们逐渐掌握并学会了如何创造幸福生活的物质条件。今后的问题是,我们应该去关注如何享受幸福,如何分享幸福。

## 二　什么是幸福 〉〉〉057

### 幸福四要素 〉〉〉059

幸福至少应该包括四个基本要素:"幸福"是主观的感受,是一种生活状态,人们要学会创造幸福,分享幸福。

### 幸福"道"与"术" 〉〉〉097

经济转型方面我们有了一个道路,解决了"道"的问题,市场经济是它的"道"。目前的社会转型和整个国家的转型,也需要有"术"有"道"。

### 幸福政治学 〉〉〉105

幸福跟政治制度密切相关,"幸福感"受到政治制度、政治改革的深刻影响。

## 三　幸福在哪里 〉〉〉115

### 我们为什么不幸福 〉〉〉117

幸福所在之处,应该是经济发展,社会公平,机会均等,风气良好,法律公正,福利优越,文化繁荣,教育发达。

### 幸福六法门 〉〉〉129

幸福六法门:公平与效率、秩序与福利、分享与进步。

### 幸福终点站 〉〉〉147

在物质生活条件或状况达到较为满意的程度之后,一个人的幸福感便开始越来越多地取决于他(她)的精神心理需求和文化需求。

## 四　幸福究竟有多远 〉〉〉157

### 丈量幸福 〉〉〉159

怎么评估社会的幸福指数?解答这些问题,首先还是得建立一个综合性较强的评价体系,明确一些基本的评价指标,建立一些基本的评价参数。

### 幸福路线图 〉〉〉179

创造幸福社会,我们要从经济、政治、文化、生态几条路一起出发。

### 幸福齐步走 〉〉〉201

幸福生活要从"让一部分人先富起来"到"一个都不能少",从"国富民强"到"民富国强"。

## 后记 〉〉〉219

# 前言

什么是幸福？怎样才能幸福？这是摆在人类面前的一个永恒问题。人在世上，总是以追求幸福生活为最高目标的，这也是社会主义社会的最高目标。幸福不仅是物质的，也是文化的、精神的，涵盖了社会生活的方方面面。

就物质层面而言，经过三十多年的改革开放，我们已经学会了如何把蛋糕做大，现在还要学会如何把蛋糕做好，如何公平地分蛋糕，也就是怎么才能让全体人民共享幸福。如果分不好蛋糕，那么，蛋糕做得再大也没有意义。

幸福就像一辆双轮车，一个轮子是"共建"，一个轮子是"共享"。只有一个轮子不行，两个轮子一大一小也不行，都会造成翻车。现在我们提出"加快转型升级、建设幸福广东"，就是要让这两个轮子平衡地、稳健地前进，让每一个人既有创造幸福的义务，也有公平地得到各种发展机会、合理地分享成果的权利，让公正无私的法治阳光普照大地，确保公民合法财产不受侵犯。这是幸福社会得以天长地久的根本保证。

就精神层面而言，中国传统文化的价值目标在于安定与和谐。儒家的仁道仁心，道家的逍遥齐物，说的都是中和之理。万物的发展生长过程，就是一个不断化解矛盾的过程，由排斥变为合作，由分争转而共享，人与自然、人与社会、人与人和谐共处，万物乃得以生生不息，而人的道德精神亦得以充实提升。

因此，"幸福"无疑是今天最让人动容的两个字。《什么是幸福》这本书汇集了众多学者的学识与智慧，立足于广东的现实，着眼于中国的未来，第一次从政治学、伦理学、社会学、心理学、哲学等多个角度,深入浅出地探讨了"什么是幸福",以及"建设幸福广东"这一重大课题,为广东的健康发展把脉问症、建言献策,观点很具思辨性,很有冲击力,很能启发我们的思考。

《什么是幸福》为我们观察现实,洞烛未来,提供了非常有价值的视角与思路。尽管前面的路还很长,要克服的困难还很多,但在全体人民的共同努力下,"幸福广东"不是梦,它将像鲜花一样,灿烂芬芳,盛开在美好的明天。人民感到幸福了,社会才能和谐,国家才能兴旺。

# 为啥谈幸福

"幸福广东"的由来
列车正在拐弯
幸福：五味瓶+麻辣烫
幸福新主义

什么是
幸福

SHENMESHI XINGFU

## "幸福广东"的由来

从"让幸福像花儿一样"的承诺,到全力打造"幸福广东",包括此前的"文化强省"建设,这些概念,不是地方党政部门的思想作秀,也不是工作的修辞,更不是政绩的冲动,而是改革开放三十多年之后,我们面向未来国家发展、经济社会发展的一种创新意识,是这种创新意识的一个新的表达。

**陈实:**

幸福已经成为我们生活中的一个热词。

打开电视、报纸、杂志,到处都是"幸福"的字眼:"我们的幸福时光","你一定要幸福","谁动了我的幸福","我的幸福我做主","老大的幸福"……人人都希望"幸福像花儿一样",人人都希望"幸福来敲门",人人都希望取得"幸福魔方",能够走到"幸福终点站"。

幸福也正在成为中国各地施政的目标,各级政府的施政追求。

2006年,胡总书记在耶鲁大学演讲,首次提出要"关注人的生活质量、发展潜能和幸福指数"。

2010年全国"两会",温总理在《政府工作报告》提出"让人民生活得更加幸福、更有尊严"。

2011年全国"两会",温总理又提出了幸福的标准,就是"让老百姓的生活越来越好",让人们生活得"舒心、安心、放心,对未来有信心"。

这之前,2011年1月的广东省委十届八次全会上,省委书记汪洋提出了建设"幸福广东"的问题,要以"加快转型升级、建设幸福广东"为目标,努力创造"人民群众看得见、摸得着、享受得到的"幸福;指出"幸福广东是共建共享的过程",要求"每个人都要为幸福广东尽职履责"。汪洋还作了三副对联解读"幸福":

加快转型升级政府是关键/建设幸福广东匹夫也有责。

人人是创造幸福的主体/个个是享受幸福的对象。

我为别人的幸福努力工作/别人为我的幸福创造

条件。

横批均是"共建共享"。

从"让幸福像花儿一样"的承诺,到全力打造"幸福广东",包括此前的"文化强省"建设,这些概念,不是地方党政部门的思想作秀,也不是工作的修辞,更不是政绩的冲动,而是改革开放三十多年之后,我们面向未来国家发展、经济社会发展的一种创新意识,是这种创新意识的一个新的表达。用万俊人教授的话来说,"幸福广东"是一个新的信号,新的社会理念,新的社会发展模式,是"科学发展"与"和谐社会"最富有创造性、最有社会主义伦理意味的、标志性的核心概念。

万俊人教授是代表学术界,站在时代的高度上,提出了一个深刻而有趣的话题。

在传统理论上,"幸福"原本是一个哲学的、伦理学的命题。世俗的幸福是财富、荣誉、健康、友谊、感官的快乐、物质的满足,等等。而在西方哲学家、伦理学家眼里,幸福是哲学的目的,人生的目的。亚里士多德、阿奎那把幸福看成是人类的至善。认为幸福是灵魂合于完满德性的实现活动,是人的本质属性的实现,是其他目的都要服从的目的。苏格拉底、斯宾诺莎、康德这一派干脆就说"德性即幸福"。我们今天要越过传统哲学、伦理学的疆界，从社会学、发展学甚至制度伦理学的角度，对"幸福"进行新的理解与解释，无疑给这个有意义的讨论，增添了探讨与创新的气氛。

为什么要谈"幸福"这个话题？我们先从"幸福广东"谈起。

**万俊人：**

汪洋书记正式提出了"幸福广东"这一全新的社会发展理念，一开始听到这个理念，我有些意外，也感到振奋。20世纪90年代初以来，因为我在哈佛跟随罗尔斯教授访学的缘故，我开始关注社会伦理和政治哲学，近二十年来也一直在从事政治哲学的教学与研究，所以，对于一些新的、重大的社会政治、经济和文化的理念和事件，我都会比较敏感，比较关注。

1971年，罗尔斯发表了他的社会伦理学巨著《正义论》，1993年，也就是我刚去哈佛不久，他又发表了他的政治哲学代表作《政治自由主义》。这两本书的视角不同，但思想主题是相通的，对我的影响很大。哈佛的政治哲学非常强，罗尔斯是其主要代表。

我在对他的研究中受到很大启发，认为他的公平正义理论对于我们思考和研究当代中国社会问题有着极其重要的参考价值。比如，他关于权利与义务的公平分配、社会普遍道义的政治基础、"惠顾少数处于社会最不利地位"的"差异原则"等主题的理论或理念，都跟当下的中国经验有着很大的相关性。

"幸福广东"的理念实际上比包括罗尔斯的"公平正义"理念在内的其他理念更能表达当代乃至未来相当长一个时期内中国社会发展的价值诉求和价值期待，因为它深深地触及了我们这个社会对于发展目的和发展方式的理论思考和现实转型。我想，这大概是汪洋书记提出"加快转型升级，建设幸福广东"的一个基本考虑。

我来广东"岭南大讲坛·文化论坛"做《什么是幸福》的主题演讲之前已经注意到了"幸福广东"的理念，以及新闻媒体和社会思想界对这一理念的广泛讨论，甚至是争议。

的确，总体上来看，今天的中国社会发展已经行进到这样一个重大而关键的十字路口：社会主义中国前三十年的建设充满探索和风险，也付出了高昂的社会发展代价；而三十余年来的改革开放实践则充满了探索、创新和奇迹。社会发展尤其是经济社会的发展取得了举世瞩目的成就,从濒临"经济崩溃边缘"的困境中摆脱出来,迅速跃升为"世界第二大经济体",这样的社会转变和结果确实让我们振奋,让世人震惊。

从某种意义上可以说,我们的国家和社会已然度过了"社会加速转型"最为艰难的社会阵痛期。可是,社会转型并未完成,即使仅仅就经济社会范畴而言也还面临着"加速转型"的诸多风险,更不用说社会的政治文明建设和文化社会这些更为隐性、更为复杂的层面了。在刚刚召开的全国"两会"上,中央政府较大幅度地降低了GDP(国内生产总值)增长指标,将社会发展和社会管理提高到社会发展战略的显要地位,实际上传达了这样一种社会发展信息:中国特色社会主义的现代化建设发展即将或者已然开始了又一次更高目标的社会转型,因而急需一种新的社会发展理念、发展思路和发展方式。我将之表述为:从探寻和尝试新的社会发展手段到重新确认和校准社会发展目标的转型。通俗地说,就是在已经找到了如何把蛋糕做大的方法,并且确实做大了蛋糕之后,我们还需要探寻和把握如何在全社会公平地分配蛋糕,以便使全体人民公平合理地分享蛋糕的方式。

事实上，当代中国社会和绝大多数人最为关注的社会发展主题是：接下来我们的社会究竟该如何发展？社会发展的目的究竟为何？换句话说，我们不仅要解决"社会如何发展"的方式和手段问题，而且要明确"社会为谁发展"的目的和目标问题。

在这一语境中来看待和解读"幸福广东"的理念，我们才能体会到提出"幸福广东"需要多么大的胆量，多么深远的社会洞见。如果我们把眼光延伸得更长远一些，转过头来回溯一下社会主义的观念历程和实践历程，就不难理解，"幸福广东"的理念实际上是社会主义本质的回归。

"社会主义"的社会理想早在两千多年前便已出现，"空想社会主义"的产生距今已有近五百年的历史；从近代思想家们的"空想社会主义"到马克思主义创始人创立的"科学社会主义"之后，人类的社会历史又走过了一百多年的风雨春秋；而从马克思主义创始人创立"科学社会主义"到列宁领导苏维埃开创第一个社会主义国家的伟大社会实践，社会主义作为一种崭新的现代社会形态，也已有了百年的生存发展史；中国特色社会主义从开创、探索到改革开放，走过了六十余年的艰难历程。长途奔跑之后，我们必须静心回首，理清思路，确认方向和目标，社会主义的根本目标和理想正是全体人民的平等解放、自由发展和生活幸福。

人民幸福才是社会主义社会发展的最高目标和最终目的。这一点是我们需要永远牢记的！"幸福广东"正是这一目的论的社会意识的具体反映，因而可以看作是当代中国社会发展又一次社会转型的标志性理念。

广东处于中国改革开放的最前沿，是中国当代改革开放的领先者和探索者。"幸福"概念的主观性是很强的，将这样一个乍一看主观性很强的概念与地方的社会发展目标联系在一起，非常富有想象力、解释力，也具有极强的现实针对性。所以我觉得，"幸福广东"理念的提出非常不简单。

幸运的是，刚召开不久的"两会"上所呈现的讨论和总体氛围，确实给这一理念作出了坚实的印证。这也让我对"幸福广东"有了更加清晰的概念和更大的信心。在今春的"两会"上，绝大多数的代表和委员们都认为，我们现有的社会发展模式是急需改进和调整的。主要的问题在于：第一，它是否可持续？对此，广东是深有体会的，2008年开始爆发的世界性金融风暴，使得广东这个中国改革开放的前沿地带受到前所未有的巨大冲击。制造业受到的冲击尤其让人惊心动魄。第二，它的代价是否过大？这一点似乎是难以估量的。任何社会的改革都需要付出一定的代价，包括自然生态环境和自然资源的代价和社会诸方面的代价，关键在于社会发展的代价是否合理，是否值得，是否有可能尽量降低。而所有这些都不是当下的经验事实所能直接而准确度量的，需要历史和未来不断勘定校对。

说实话，现在我们的生活虽然越来越富足，但另一方面却也越来越缺乏基本的安全保障了，生活的品质也因此而越来越难以保证，当然也就更谈不上改善和提升了。肉不能放心吃，奶不能放心喝，水不能放心饮用，甚至连空气都不能舒心地呼吸。这样一种生活环境，甭说生活品质，就是基本生存都成了问题。

造成今天的这种后果，实际上是相当长时间以来我们自己的所作所为造成的，表面看来还只是少数个案，实际上是一种粗放式的、单纯以GDP增长为目标的发展模式所导致的普遍效应。如果把这些现象与我们社会存在的贫富不均、缺乏公平、社会公共福利偏低、社会保障体系脆弱、社会诚信度不高、官僚腐败、行业不端、社会道德伦理严重滑坡等消极现象联系起来,人们对自身生活的忧虑和对社会发展现状的关切就显得不仅合情合理,而且自然而然了。

在此背景下,"幸福广东"的提出当然就格外具有社会震撼力和现实感了。更重要的是,这一理念的提出似乎并不限于眼前的急需,而且还饱含着深远的社会考量。

## 丁力:

我有一个观点,我觉得汪洋书记走的这条路在理论上的价值是很高的,我很早就说过,汪书记提出"幸福广东",不能就事论事来,平地起高楼,它是广东发展的选择,广东的很多问题在全国具有代表性。广东经过三十多年的发展,出现了几个"难以为继",特别是社会公平问题。

广东的社会不公平有方方面面的表现,有珠三角和环珠三角的发展不平衡;有本地人和外地人的待遇不公平;还有不同阶层的;还有国有和民营的。有人说我们现在的基尼系数到了0.6,我估计广东还要更严重。问题出现了,怎么来解决这个问题?我曾经说过，"幸福广东"虽然不等于"效率+公平"统一的广东，但是如果没有公平广东，广东肯定不幸福。

# 陈实：

对于发展的理解，过去我们有一个误区，总是认为经济发展了，幸福就来了；GDP上去了，生活富裕了，财富增加了，物质满足了，人民就幸福了。

事实可不是这样。

经过三十多年的改革开放，中国确实富了，经济确实做大了，国力确实强了，但经济问题、社会问题、精神问题、心理问题，不是少了，而是多了；幸福感不是增高了，而是降低了。这说明我们的发展理念有了问题。

奥古斯汀有个说法，你想要幸福，就要寻求高于你的灵魂的事物。我们这三十多年的发展，主要集中在国计民生，努力解决"学有所教、劳有所得、病有所医、老有所养、住有所居"的问题。这些问题的确很重要，吃不饱，穿不暖，上不了学，看不了病，养不了老，没房子住，没工资拿，肯定只有痛苦，没有幸福。但光有这些东西还不够。因为这些东西还是属于形而下，不是高于我们自己的东西，而是低于我们自己的东西,任何低于我们自己的东西,可以使我们快乐一下子,满足一阵子,却不可能增强我们的幸福感。

"幸福广东"提出了新的发展理念。向外,"加快转型升级",是途经;向内,"建设幸福广东",是核心。发展不再是GDP,不再是物质需求,而是祥和的环境,优美的生态,良好的心态,是社会安全、公平正义、价值伦理、终极关怀等更高需求。

汪洋说,加快转型升级、建设幸福广东,是一个具有丰富科学内涵的有机整体。转型升级是手段,幸福广东是目的。要通过转型升级增强广东经济社会发展的均衡性、协调性、可持续性和核心竞争力,不断创造社会财富和公平分配社会财富,让人民群众共享发展成果,过上好日子。

这种新的发展理念,我们不要仅仅看成是汪洋的个人作为,而可以看成是整个执政党发展理念的巨大进步,是整个执政党对现代经济社会认知的巨大进步。

## 罗尔斯与他的《正义论》

约翰·罗尔斯(John Rawls, 1921—2002)，是20世纪美国乃至西方思想界最重要的哲学家之一。于1971年正式出版发行了《正义论》。

《正义论》一书是罗尔斯积近二十年的努力思考的一部心血之作，它集罗尔斯思想之大成，把罗尔斯十多年来所发表的论文中表达的思想发展成为一个严密的体系——即一种继承西方契约论的传统，试图代替现行功利主义的、有关社会基本结构的正义理论。《正义论》出版以后，很快赢得了理论界的高度评价。该书被西方学者推崇为政治哲学、道德哲学、法律哲学和社会哲学的"最伟大的成就"。人们经常把该书当做与洛克的《政府论》、密尔的《论自由》齐名的"自由民主传统的经典著作"，并认为该书是将道德哲学与政治、伦理理论与实践结合起来的尝试，是"在正义与西方文明的当代现实之间的一座桥梁"。

什么是
幸福
SHENMESHI XINGFU

# 列车正在拐弯

> 从封建社会到现代社会,西方社会大概经历了三百年的艰难转型,而我国只花了不到一百年的时间。并且让世人惊奇的是,我们三十余年的社会转型非但没有减速,反而是不断加速,这就如同火车行进中的拐弯加速,这在古今中外是绝无仅有的。

万俊人:

我想再具体分析一下当代中国社会的真实情形,简要陈述一下我对当今中国社会状况的基本描述,然后再对汪洋书记的"幸福广东"作一个理论判断。2010年,我在广东"岭南大讲坛"上讲过制度伦理和制度正义问题,当时,我提出并较为详细地阐述了"社会转型"问题。

我有一个"社会转型"的隐喻概念,最近,温家宝总理也谈到要研究"社会转型期的道德问题"，似乎肯定了这个说法。三十余年来，我们的社会实现了带有根本性意义的社会转型，我打了个比方，叫做"火车加速拐弯"。

什么意思呢？大家知道，我们所熟悉的西方资本主义已有五百年历史，从封建社会转向现代社会，西方社会经历了三百年左右的艰难转型。相比之下，我国的社会转型则要快速得多。从"半封建半殖民"的社会转向近代化，我们花了不到百年的时间，而我们从社会主义计划经济转向社会主义市场经济则只花了短短的三十年时间。

在这三十余年里，我们的社会经济、政治和文化都以超乎常规的速度和规模急速转型，开荆劈莽的改革开放进程如同迅速翻转的快镜头让世人目不暇接，"只争朝夕"的高速发展创造了连续两位数的经济增长速度，被称之为人类经济发展的奇迹。因此，我形象地将这一社会转型比喻为火车的加速拐弯。

考察历史上古今中外的各种社会转型，比如说，英国工业革命时期的工业化转型，都具有火车拐弯的一般特征。可是，火车拐弯均需要减速慢行，以保持行车的稳定和安全。但让世人惊奇的是，我们三十余年的社会转型非但没有减速，反而是不断加速，尽管其间有过短暂的"减速"——如1992年亚洲金融危机后的"经济软着陆"；新近开始实施的国民经济增长速度放缓，等等，但总体上仍然在高速运行，而且速度之快已有不可强行减缓之势，这确实相当于火车行进中的拐弯加速，这在古今中外是绝无仅有的。

从社会哲学和社会公共管理的视角来看，我认为，"加速拐弯"可以较为准确地表述我们三十余年来社会转型的基本特点。可是，我们必须充分意识到，火车加速拐弯必然会带来几个后果：第一，社会的"离心力"增大，如同火车加速拐弯时离心力必然加大一样。第二，风险成本大大增加，如同加速拐弯，火车颠覆的可能性大大增加。第三，坐在列车上的人（也就是身处社会转型中的所有人）的感觉必定会大不一样，有的人感觉很"爽"很刺激，有的人会感觉犯"晕"，有的人会有"呕吐"的感觉，有的人甚至会被抛出车外，也就是说加速转型的社会极可能会"抛弃"一些人。

科学研究和人类社会的实践经验表明，人类行为模式上的转变（"拐弯"）可以通过某种强制性的方式加以实现，或者给予利益诱惑，或者给予利益刺激,抑或给予规制约束,包括法律的、政治的和道德伦理的约束,以此来改变人们的行为习惯、行为动机和行为方式。但是,人们心理和心态的转变却并不如此简单。他们对火车拐弯的感受既真切,又内在主观,我的感受可能跟你完全不同,你觉得很爽,我觉得犯晕,有的人还来不及充分感受就被扔出了车外,成为我们社会进步旅途上的"被抛者"。

如果我的这种描述可以成立或者有效的话,今天的中国应当已经接近社会加速转型的后期,也就是说,社会加速转型最激越、最剧烈的时段应该快要过去了。这段时间当然是最艰难的。

火车拐弯之后,再进入另一个轨道,便有了一个新的目标。我们的社会发展也具有类似的特点:当我们已经找到做大蛋糕并且把蛋糕做得够大的时候,我们的社会发展需要有一个新的发展目标,以一种新的姿态去迎接另一个"又好又快"的发展时期。

今年4月,我在梅州的演讲集中谈到的就是如何校准社会发展的目标,将人民幸福作为社会发展的最高目的。这当然是一种新的社会发展思路和理念,也是"幸福广东"的理念最根本的基点和要义所在。在社会加速转型快要转换轨道或方式的时候,我们也有机会、有时间、有心思去反省一下我们走过的三十余年的艰难而迅疾的社会发展历程。我们曾经走过，可我们到底走得怎么样？我们需要仔细检查一下，看看车上有哪些人晕了，哪些人觉得爽，还有哪些人不见了，对于任何一个健全的现代社会来说，这样做都是很重要的，对于以社会主义立基的中国现代社会来说，这样做不单意义重大，而且具有绝对必需的社会道义和道德"绝对律令"的意味。中国特色社会主义属于全体中国人民，依赖于全体中国人民，最根本的是它永远都是为了全体中国人民。无论我们的社会发展的高速列车有多快，也无论我们有怎样的理由或原因，走向共同富裕的另一种表达是，在社会主义现代化的进程中，"一个也不能少"，否则，我们的社会发展就偏离了社会主义方向。这也就是说，当下的我们需要重新理解社会主义，重温社会主义的基本价值理想和价值精神。

我很长时间都觉得有些奇怪：资本主义从15世纪开始，经历了五百年历史，西方学者出版了很多资本主义方面的书，诸如《五百年资本主义史》之类。西方人很注意及时总结和反思历史。相比之下，从空想社会主义者的社会试验开始，社会主义搞了好几百年，中国的社会主义也搞了六十多年，我们对社会主义的理论和实践应该有一些总结，要总结一下我们在理论和实践上的成败得失，这一点对当下的中国来说尤其必要，因为我们从一开始起，更不用说三十余年的改革开放，便在独立自主地探索和创造着中国特色社会主义的独特经验，虽然历经诸多艰难风险和挫折，但却是迄今为止人类历史上最成功的社会主义实践经验。因此，我们没有理由轻视、甚至忽视我们自己的创造性成果，它们不仅仅是属于中国的，也是属于整个人类现代文明进步历史的。

社会加速转型对于中国的意义十分重大，个中的经验教训都值得珍惜。这一社会转型完成的标志是我们最终能够保持、维护和发展中国特色社会主义改革开放的伟大事业，创造优于西方资本主义的社会成就，从而为人民创造一种真正普遍的幸福生活和一种文明富裕、公平自由且可持续的和谐社会。今天，我们可以有把握地说，我们已经找到了一条科学有效地做大社会主义蛋糕的社会经济方式，现在急需考虑的问题就是怎样公平地分蛋糕，怎样让人民更好地分享蛋糕。所以上次我在演讲中对幸福主题的探讨，大家觉得比较好的地方，就是关于创造幸福、享受幸福和分享幸福。

　　幸福需要分享，也必须分享。因此，我们一定要学会分享幸福。眼下，我们这个社会比较缺乏的就是这种分享，一些人花天酒地，一些人还很贫困；按照国际通行的生活标准来衡量，我国现阶段还有两亿左右的贫困人口，而按照我国现有的社会财富资源，若社会趋于公平，则不应有如此现象存在。我不是说我们应该回到曾经的平均主义，而是说，一个健全正当的社会主义国家不应该允许这样的社会状况长期存在。刚才丁力先生谈到，"如果没有公平广东，广东肯定不幸福"。我想借用他的话发挥一下：如果没有社会公平，就不可能有人民的幸福生活。

　　如果我所谓的社会加速转型理论或者火车拐弯理论、如何分蛋糕的提法可以成立的话，"幸福广东"的口号对今天中国社会再次发展的调整或转型肯定是具有标志性意义的。"幸福广东"这个词大家都理解，就是让广东人民都活得幸福，或者，使广东成为人民幸福生活的福地。

　　我为什么说它是具有标志性意义呢？广东率先改革开放，是我国社会主义改革开放的前沿地带和开路先锋（回顾一下邓小平同志曾经对广东省和深圳市领导同志讲过的"杀出一条血路"的铮铮之言)。现在，当中国社会发展处于又一个具有战略意味的关口，我们广东也要率先梳理、反省和探索未来的发展之路，从行动上调整社会发展的目标，探索出一套合乎时代要求、满足人民期待的社会发展新方式，也就是在如何继续合理有效地做大蛋糕的同时，公平地分享蛋糕的社会方式。我们不能继续搞"GDP主义"，而是要认真考量人民的"幸福指数"；不能继续不计成本（包括自然资源成本、经济成本和社会文化成本）地沿用"效率优先"、"经济利润优先"的社会发展模式，要寻求并努力实现惠及全体人民利益、改善民生、增加人民幸福、促进社会和谐的健全社会发展方式。

作为社会发展的一个新目标、新模式，它究竟有哪些积极的理论意义和现实紧迫性？我想各位广东的经济学家、社会学家、哲学家和学者一定比我有更为深切的体会和洞见，也一定可以发表许多独到的见解。

顺便解释一下我为什么用"人民幸福"这个词呢？我们现在谈"幸福广东"，实际上也是在谈"幸福中国"，而不是仅仅局限于我们广东，只不过广东的地方经验更领先一些、典型一些。"幸福中国"的根本乃至全部就是"人民幸福"。因此，我们首先要梳理清楚社会的发展目标，就是明确"社会为谁发展"，要把"谁"的内涵搞清楚，确定是全体人民最大的幸福之后，然后我们再来展开谈其他相关问题，包括我们的经济政策和社会管理、政府角色及其公共决策、执政党自身的政治思想建设、社会诸阶层的生活状况、社会文化心理和道德精神，等等。

我在"什么是幸福"的演讲中大胆地说过，如果一个政党和政府不再为人民谋幸福，或者人民感觉到在你的领导下并不幸福，就会产生社会抱怨甚至怨恨。如果有怨气的人越来越多，社会的怨恨就会加深累积，最严重的后果就是社会产生政治分化和思想观念分化，并由此出现思想和价值观念，有时甚至是社会基本价值和核心价值观念的冲突，最终导致社会紊乱。

如果抱有这种怨恨情绪或心态的人多到一定程度，并且对一些社会问题有较为强烈的批判意识和不满情绪，就很可能把这种怨恨情绪上升到政治立场上来，社会就会出现大的动乱。当年我们党为什么能够成功地领导广大人民群众闹革命，并取得新民主主义革命的伟大成功？一个重要的原因就是，我们了解人民群众的疾苦和怨恨，了解人民群众生活在水深火热之中,并决心带领他们革命求解放。广大人民群众为什么那么热爱领袖毛泽东,情不自禁地唱出"东方红,太阳升"?根本的原因是人民群众通过无数真实的社会事实和他们切身的生活感受,确认了"他(毛泽东)为人民谋幸福"的根本事实。为什么当代中国社会的"三农问题"如此显要?是因为广大的农村、农民和整个农业不仅构成了中国社会最大的群体,成为中国改革的最早发源地和动力源,承担了中国社会改革最为艰巨而痛苦的使命,而且因为近代以来,他们始终处在社会的最底层。

然则历史和经验证明,社会最底层的力量并非是最不重要的,恰恰相反,它是最基本、最重要、最强大的。我们的确要好好反省一下,我们是怎么"得天下"的,我们"得天下"的成功之道即是我们的"安身立命"之道、强身发展之道和永远立于不败的"王者之道",是我们党谋政、执政、守政的根本"绝招"。

如果有一天我们真的把自己的"绝招"都忘了,我们的党和我们的社会主义国家就真的有危险了。所以我在演讲中说了句"狠话":如果政府抛弃人民,人民就会抛弃政府。这是一个简单的政治道理。我现在还在继续思考这个问题。我们可以把这个问题延伸一下，从社会和国家的政治高度来探讨人民幸福的问题，这样，我们对于现实的社会心理和社会生活的分析一定会有更为广阔和深入的内涵与价值。

## 陈实：

万教授在这里提出了两个概念，一个是"社会拐弯"，一个是"人民幸福"。

我们的经济社会发展列车正在急拐弯，中国特色社会主义的现代化建设发展正在向更高目标的社会加速转型，整个经济社会发展正在用新的社会发展理念、发展思路和发展方式加速调整。

万教授认为，"幸福广东"的理念，深深地触及了我们这个社会对于发展目的和发展方式的理论思考和现实转型，比起包括罗尔斯"公平正义"理念在内的其他理念，它更能表达当代乃至未来相当长一个时期内中国社会发展的价值吁求和价值期待。

谈"幸福广东"，实际上也是在谈"幸福中国"，而"幸福广东"最根本的基点和要义，"幸福中国"的根本内容乃至全部内容，就是"人民幸福"。就是实实在在解决土地拆迁、住房保障、医疗条件、教育质量、物价水平、食品安全、交通方便、就业养老、环境生态、人际关系等社会难题，让人民群众脸上多一份笑容，多一份灿烂。

发展不是做来给别人看的，不是装在政府的统计数据和工作报告里摆进文件柜的，不是用来设置畅销书、排行榜或研究课题的，更不是为了在媒体上让拿政绩的人用来作秀的。发展也好，调整也好，最高目的就是人民幸福，全体人民的最大幸福。按万教授的说法，就是明确"社会为谁发展"，要把"谁"的内涵搞清楚，其他的问题，包括经济政策、社会管理、政府角色、公共决策、执政党的政治思想建设、社会诸阶层的生活状况、社会文化心理和道德精神，等等，都与"人民幸福"相关，都应该围绕"人民幸福"来展开。

中国社会发展确实到了一个重大而关键的路口，发展与调整的目标是什么？社会到底是为谁而发展？怎样以新的姿态迎接另一个"又好又快"的发展时期？改革开放三十多年，我们找到了如何把蛋糕做大的方法，解决了"社会如何发展"的方式和手段问题。现在整个中国社会和绝大多数人最为关注的，是"社会为谁发展"，是如何校准发展的目的和目标，找到一种方式，在全社会公平分配蛋糕，使全体人民公平合理地分享蛋糕。

## 社会转型

关于"社会转型"的含义,在我国社会学学者的论述中,主要有三方面的理解:

第一,体制转型。即从计划经济体制向市场经济体制的转变。

第二,社会结构变动。持这一观点的学者认为,社会转型的主体是社会结构,它是指一种整体的和全面的结构状态过渡,而不仅仅是某些单项发展指标的实现。社会转型的具体内容是结构转换、机制转轨、利益调整和观念转变。在社会转型时期,人们的行为方式、生活方式和价值体系都会发生明显的变化。

第三,社会形态变迁。主要指中国社会从传统社会向现代社会、从农业社会向工业社会、从封闭性社会向开放性社会的社会变迁和发展。

## 幸福：五味瓶+麻辣烫

幸福是一种主观感受，它与人们的心态有关，与人们的思维方式、考虑问题的角度一致。如今社会转型太快，很多公平问题照顾不到，个人的心理调试出现了危机。历史的车轮不仅碾压身体，也从每个人内心碾压过去。内心受到的碾压比身体所受到的碾压更令人承受不起。

### 李江涛：

这个问题要讨论起来，涉及的面挺多，现在社会的不满在积聚。从推进社会进步的角度也应该回过头来看一看，我们的不满程度和痛苦指数是什么样的。现在社会上出现了很多极端行为，从跳楼到灭门案的发生，过去是灭别人的门，最近都是灭自己的门，把自己全家都干掉了。现在这种状况非常危险，比如说郁闷、压抑、委屈、冤枉、恐惧、失望、被剥夺感都属于痛苦，我们能不能具体分析产生这些心理的原因？然后我们才能找出改革的途径、方向，这是一个想法。

就是说我们在研究幸福的同时，也要研究它的反面，研究人们的痛苦。在我们看来，很多不应该痛苦的，但是人们还是痛苦的，为什么？这就反映了人的复杂性，因为幸福还是对需求的满足。

马斯洛的需求层次的提法是很好的，越低层次的需求，如果不能实现，他的反弹是越强烈的。现在我们的社会出现什么问题呢？

第一，由于社会分化，有相当一部分人还在追求基本生活需求的满足，按照联合国、世界银行的标准，我们有将近两亿的贫困人口。还有一些人是解决了温饱问题，他就有了心理需求，现在有话语权的阶层，也就是中产阶级或者中产阶级以上的阶层，他们所表达出的，很多是心理方面的需求，他的基本生活需求不成问题，他只是不忿。

西方的理论提出人人生而平等，实际上平等是人天生就要追求的。追求平等是人的天性，这样就引发了我们对这些现象的反应，如果不平等的时候，就会感到痛苦。

第二,我们这个社会毕竟是从农耕文明发展过来的,也就是说有很多原来封建社会的逻辑,现在也延续下来了。就像有人说,我们脑袋上还拖着一根"辫子"。既然幸福是一种主观感受的东西,它就跟我们的心态是有关的,和我们的思维方式、考虑问题的角度是一样的。

毛泽东说在困难的时候要看到光明、看到成绩,爬山到一半的时候,悲观的人说这么久才爬到一半,乐观的人说我们已经爬了一半了,这就是人的心态不一样。封建社会遗留下来一种心理,使我们都追求特殊性,表现在人人都追求例外、追求特权,不是追求平等。这在我们的社会是比较普遍的现象,我就要跟你不一样,我就要获得更多的利益,或者躲避惩罚,都想追求这个东西。这样的例子不用说了,大家都明白。

追求特殊性和我们生而平等的人性是矛盾的,你一方面想追求平等,当别人有特殊性的时候你是不满的,但是当你有特殊性的时候,你又很高兴。这就像有人说的,特权就像臭豆腐,闻起来很臭,吃起来很好,大家都觉得特权不是好东西,但是人人都想拥有特权。我们为什么从追求平等变成了追求特殊性?这是要研究的，人的心态为什么是这样的？

第三，现在丛林法则，社会达尔文主义的流行，很多人在心态上有这个东西，你无能，你就应该受苦受难，我本事大，我就应该获利多一些。这种社会达尔文主义，跟我们的启蒙运动没有完成，或者说有缺陷是相关的。"五四"时的启蒙讲"德先生"、"赛先生"，从来不讲人性，人本主义是不讲的，包括人人生而平等也是不讲的。现在社会当然是两极在博弈，一方面社会现在也在提倡同情心、爱心，另一方面又为了争夺利益不择手段。这是我们国家目前面临的很大一个问题。

从广东的情况来看，也跟我们国家的大局类似，北部山区51个山区县，它的人均GDP是非常低的。万教授去梅州演讲，他们没有带你去看看，我们有对口扶贫点，在梅州五华有一个村子，我去过三次，那个地方是非常穷的，跟珠三角地区的经济水平相比，差距太大了，这里的人均GDP是其他地区的6倍以上。改革开放前省区的人均收入差距最大的是江苏，苏南和苏北相差4倍多，广东省现在是6倍以上。苏南和苏北的收入差距现在在缩小，而广东省是扩大了，这是非常不均衡的。从我们国家来讲，再从西方国家发展的状况判断,中产阶级的壮大是非常重要的。

## 吴重庆:

这个社会的确转得太快,很多公平问题照顾不到,所以个人的心理调适出现了危机,个人的心理适应跟不上社会转型的节奏。人是社会化的动物,不仅有社会性,也有生物性。在同一个人身上,生物性和社会性是需要匹配的,身心是需要协调的。匹配和协调都需要时间,社会转型过快,留给个体的时间过短,只好搁浅在转型大潮的滩头岸边,忧郁、自杀由此而起。陈寅恪先生悼念王国维自杀,说的也是这个问题,他个人跟不上社会的大转折,一下子就心理紊乱了。

现在大学出现学生自杀、心理抑郁,也是出于这样的原因。据统计,哪种人最容易出问题呢?不是来自城市的,也不是来自农村的,而是父母都是打工者,是从小跟着父母来到城市流动的那批学生,他们从小就被抛离出社会和文化的母体,最容易出现心理危机。

所以我觉得心理的问题是个体跟不上社会转型节奏的结果。常常说历史的车轮把人碾得粉身碎骨,其实，历史的车轮不仅碾压身体，也从每个人内心碾压过去。内心受到的碾压比身体所受到的碾压更令人承受不起。

## 陈实：

李江涛和吴重庆共同提出了"社会心理"的问题，为我们谈"幸福"拓开了一个视角。两位教授谈到三种心理，很值得注意。一种是李江涛说的，"他的基本生活需求不成问题，他只是不忿"，他会"端起碗来吃肉，放下筷子骂娘"。一种是吴重庆说的，社会转型太快，他心理跟不上。跟不上社会的大转折，一下子心理就乱了。还有一种是"你说什么是幸福我不知道，我只知道什么是不幸福"，这种心理还特别容易获得掌声。其实这种心理，李江涛也有一个命名，叫做"追求特殊性"。它不是追求平等，而是追求例外，"我就要跟你不一样，我就要获得更多的利益"。

出现这些心理反应，是在过去很长一段时间里，我们关注了"发展"，忽视了"幸福"。我们的经济发展、政治建设、社会管理、文化生产，不太合乎幸福的本质要求，与幸福产生了矛盾。社会越丰裕、越繁荣，人民群众的幸福感越有问题，越有危机。

其实，经济学也好，政治学也好，社会学也好，心理学、哲学也好，都有一个出发点，就是要回答"人应该怎样活着"、"人怎样才会幸福"的问题。我们现在要做的，就是要回到出发的地点，以"幸福"为目标来思考"发展"。不仅要按照民主法治、公平正义、诚信友爱、充满活力、安定有序、人与自然和谐相处的总要求和共同建设、共同享有的原则，着力解决人民最关心、最直接、最现实的利益问题，消解人民群众在就业、医疗、教育、住房、社会保障、收入差距等方面的普遍焦虑；而且要从生理需要、安全需要、社交需要、尊重需要到自我实现需要，全面满足人民群众的心理需求，否则没有幸福可言。

幸福是没有绝对值的，但幸福有很强的主观性感受。生活满意度、心理愉悦度、社会和谐度、精神生活、精神文化、精神文明，这些非物质财富所产生的幸福度，远远大于物质财富所获得的幸福度。当我们用这样的理念思考"发展"

的时候,当我们用这样的理念构造幸福方程式的时候,"发展"就有了新的理念,"幸福"就成为新的"主义"。

## 泰勒·本·沙哈尔的幸福心理学

泰勒·本·沙哈尔毕业于哈佛大学，他拥有心理学硕士、哲学和组织行为学博士学位。他所开设的"积极心理学"和"领袖心理学"，被哈佛学生们推选为最受欢迎率排名第一和第三的课程。选修这两门课程的哈佛学生超过了总人数的20%，其中23%的听课者向学校教学委员会反映：这两门课程"改变了他们的一生"。由于他的课程在哈佛大学引起了前所未有的轰动，美国有限新闻网（CNN）、美国哥伦比亚广播公司（CBS）、《纽约时报》和《波士顿环球报》等全球数十家著名媒体对他进行了专访和追踪报道。他的著作《幸福的方法》风靡全世界，被翻译成16种文字在全球近20个国家和地区出版。

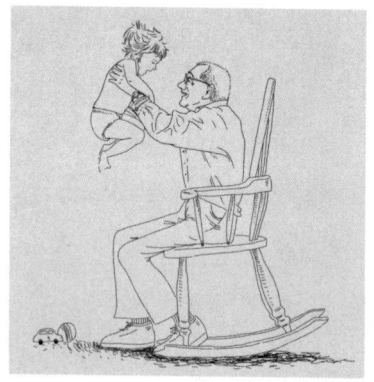

## 幸福新主义

现在广东提出建设"幸福广东",这是一个标志性的、新的社会转型的信号。如果说三十年前我们还没有找到如何创造幸福的有效方式,那么,在三十多年里我们逐渐掌握并学会了如何创造幸福生活的物质条件。今后的问题是,我们应该去关注如何享受幸福,如何分享幸福。

**万俊人:**

李江涛院长和吴重庆主编的分析与结论我都理解并且认同,也深有感触,深受启发。说实在的,我真的非常感谢广东,我的第二故乡,感谢汪洋书记和广东省的领导,第一次喊出了"幸福广东"的口号!这是广大人民群众的心声!社会主义已经有几百年的历史,更早甚至可以追溯到两千多年前的古希腊哲人柏拉图那里,他在其《理想国》一书中,就提到过共产式的理想社会。社会主义从空想到科学理论再到实践，这么长时间里似乎我们并没有真正明白，更没有大胆说出来，社会主义最核心的东西其实就是人民的幸福。我感谢汪洋书记，是因为他代表广东，代表广东人民第一次说出了社会主义最核心的关键词，那就是"人民幸福"！

马克思、恩格斯在《共产党宣言》以及很多其他著作中都讲过，在他们的心目中，在他们的理论思考中，社会主义和共产主义是人类最幸福的社会。比如说，社会主义的根本目的是创造尽可能多的物质财富和尽可能丰富的物质生活条件，以满足最广大人民日益增长的物质文化需求。这说的是社会主义的根本目的，当然也是指满足人民幸福生活的价值期待。

早期的空想社会主义思想家们曾经设想，社会主义比资本主义以及人类其他各种各样的社会形态更值得我们期待，因为它能够为我们提供更为幸福的生活或生活条件。中国特色社会主义从艰难的探索到改革开放的伟大实践，我们走过了风雨春秋六十年。

三十余年来的改革开放伟大实践创造了前所未有的经济繁荣和社会物质生活条件，我们需要有更好更高的社会发展和生活理想。可是，我们始终没有说出"幸福"二字，不敢（抑或是不愿意）坦陈我们对幸福生活的追求。相反，"幸福"这个词很长一段时间里竟然被当做是资产阶级生活的专有名词。由此可见，公开而正式地喊出，而且是政治地喊出"幸福广东"这个口号是多么的不易。

仔细想一想，我们搞了六十年的社会主义，这个过程是幸福的还是痛苦的？我们创造了世界第二经济实体的社会主义国家，拥有了几万亿美元的借贷资本，几十万亿元人民币的国民储蓄。我们的生活享受到底怎么样？有没有感到很舒服很幸福？这是一个值得仔细思考的问题。

中国社科院有一个调查小组，调查了青年群体的幸福指数。奇怪的是，他们的幸福指数不但没前几年高，而且在不断降低。这是为什么？据说联合国的调研数据更让我们震惊：中国国民的幸福指数竟然还排在饱经战火煎熬的伊拉克之后。这是为什么？所以，现在广东提出建设"幸福广东"，我想这是一个标志性的、新的社会转型的信号。

如果说三十年前我们还没有找到如何创造幸福的有效方式，那么，在三十多年里我们逐渐掌握并学会了如何创造幸福生活的物质条件。现在的问题是，今后我们应该去关注如何享受幸福，如何分享幸福。而且我在前面所谈的内容实际上还暗示了一个我以为是重要的意图：在今天的中国社会语境中，我们对上述两个问题的解答已然超出了社会伦理的范畴，如果说"如何享受幸福"的问题及其解答仍然还属于社会伦理和个人的"善生活计划"（罗尔斯语）的话，那么，如何"分享幸福"的问题及其解答却已然是一个社会政治主题了。因为从社会的价值视角来看，"如何分享"的问题远不只是一个社会伦理问题，而是一个深刻地触及到社会制度安排或制度调整、更具体地说是一个直接依赖于社会公平正义（不仅仅是社会分配或制度分配正义，而且还有社会校正正义或社会补偿正义）的根本性社会政治课题，更为重要的是，这一根本性社会政治课题的解释和解决，必然牵涉到我们对改革开放之基本国策的理性审视、社会改进和完善等诸多重大社会议题。因此，我特别想借用前哈佛大学资深校长德里克·博克（Derek Bok)先生新近初版的一部重要著作的书名（也是该书的核心理念）《幸福政治学》及其所讨论的"幸福研究理路"，把我对当代中国社会语境中"何为幸福"、"如何享受幸福"、"如何分享幸福"三大问题的追问及其解释和解答概括为"新幸福主义",这当然是不太确切的、有待深入论证,或者称之为"政治—伦理的幸福主义"。我提出这一"新"概念绝不是为了理论上的标新立异,而仅仅是出自三个我以为合理的理由:其一,以此区别于古希腊亚里士多德的"幸福主义"伦理学;其二,凸显当代中国社会语境中"幸福"主题的社会政治意味;其三,以幸福主义来抗拒社会发展中的所谓"GDP"主义。其中第三点是最重要的。

基于这种政治—伦理的幸福主义或者新幸福主义,我们可以很自然地追问:我们的改革究竟是为了什么?如果说是为了解放计划经济方式所未能真正解放出来的社会生产力,那么,我们千方百计解放社会生产力的目的又是为了什么?这是最近一段时间不断撞击我的大脑神经和思想中枢的主要问题。所以,前不久我应邀在梅州市演讲时,便有意转换了幸福话题的视角,也可以说提升了幸福话题的层面,把它擢升到了国家和社会政治的层面,给予了更为严肃的探讨分析。

我在梅州市的演讲题目是《人民幸福作为社会发展的最高目标》,其中集中谈了三个问题:

(1)社会为谁发展?当年,以毛泽东为核心的中国共产党领导人民干革命，红色革命中心陕北的人民唱出了《东方红》。人民为什么如此热爱毛主席？《东方红》里面有一句歌词再清楚不过地作出了回答："他为人民谋幸福。"如果他不为人民谋幸福，人民是不会这样情不自禁地爱戴他的。

（2）我们的社会经济改革到底是为了什么？上次我在"岭南大讲坛"演讲的时候套用了"小沈阳"的那个小品段子，"小沈阳"说："人生最痛苦的是，人死了，钱没花掉。"现在，对中国人来说钱是有了，但我们最痛苦的是：钱有了，自己没花，却被别人给花了。包括经济学家们在内的当代中国学者都在反思这样一个问题：三万亿美元的国际贷款，三十多万亿元的国民储蓄，不能说我们没有钱，甚至也不能说我们的钱还不够多。为什么会有这么高的储蓄？老百姓为什么不用钱？我想，绝对不是我们不愿花钱、不会花钱，也绝对不是我们不懂得享受生活！相反，是因为这样或那样的原因让我们中的许多人（而不是少数人，记住这一点很重要也很关键！）或者是缺钱花，或者是不敢花，抑或是花不起！例如，一方面是国民超高的储蓄总量，另一方面却是普通人买不起房子。

这里面至少就有两个问题值得追问：第一，这么多的储蓄到底是谁的？是否只是少数人的储蓄而并非多数人的余钱？第二，如果第一个问题成立（不幸的是，该问题不仅成立，而且其所显示的贫富差别异常严重），那么，是什么原因造成了这样的问题？三十余年的社会发展，少数人拥有多数财富、多数人却只能分得很少财富的社会不公现象已经突现，标示社会贫富分化差异的基尼系数据说实际已经接近0.6。情况已经到了这样的地步，我们的社会已然面临着巨大的社会挑战和社会风险，料理不当就会出现大问题。从历史上看，历代农民起义几乎无一例外的都是因为社会严重不公所酿成的。当然，某些自然因素成为事情的诱因，比如，天灾人祸。但自然诱因的背后却是社会的不公不断积累、以至于造成难以消解的社会积怨和社会怨恨。

（3）我们为什么选择并坚持搞社会主义？让我们再把思路扩展得更开阔一些：中国为什么选择社会主义？有些思想史家的研究表明，自先秦开始，我们就有了"社会主义"的意识萌芽，因为我们这个民族内在地具有特别强烈的共同体意识和民族凝聚力。大家都希望能够以社群的方式活下去，而很少"我活你不活"的"丛林意识"甚或"人—狼"心理。但由此可以使我们反思的现实问题是:我们的社会主义改革和发展到底为了谁?我们是不是把真正的发展目的给丢失了?或者,不知不觉遗忘了我们发展社会的根本目的?我们是否仅仅是在为发展而发展,结果是为了手段而发展,因此才不断地、甚或是近乎"忘我"地追求GDP增长?

为发展而发展的模式是要命的。做任何事情,如果把手段变成了目的,看不清真正的目的,对于社会来说,就会造成严重的社会后果和生态环境后果;对于个人而言,他或者她的生活肯定不会幸福,只会痛苦。因为失去了生活的目的,人的行动就会盲目、盲动,思想、情感和心理就会处于紊乱、焦虑、急躁、甚至癫狂状态;因为他或者她不知道自己活着到底是为了什么,到底该做些什么,怎么做。所以,古今中外的哲人智者都在反反复复地唠叨:人生最重要的是要知道为什么活着,然后再想好的办法如何好好活着。人一着急,目的不明,就会真的像本山大叔所说的那样"活不起了"。一个人是这样,一个家庭、一个社会、一个国家乃至人类世界也大抵如此。

我在"岭南大讲坛·文化论坛"上的《什么是幸

福》的演讲受到汪洋书记的关注,的确让我感到有些意外,没想到汪书记对一次演讲的摘要还作了批示,我感到很吃惊。但是静下心来一想,关键真的不是我讲的有多么好,而是我演讲的内容及其所触及的问题本身实在太重要!我甚至猜想,当汪书记提出"幸福广东"之后,他一定希望社会和民众能够充分理解这个理念,思考广东的进一步发展问题。据说,汪书记是一位极有代表性的学习型、思想型官员和领导,他自己喜欢读书,且读书很多,喜欢思考问题,且博闻强思。作为一位现代知识型、学习型、思想型的领导,他比一般人甚至比多数领导更早意识到了社会发展中的问题,对科学发展观有着独到而深刻的理解。加上广东改革开放的前沿经验,使他得以较早形成较为系统的新的社会发展理念。

然而毫无疑问,这是一个极为重大而复杂的全局性社会发展课题,还需要我们从理论上和实践上给予广泛的探讨、研究、试验和总结。一言以蔽之,"幸福广东"的理念还需要理论支撑和社会响应。所以他才对我的演讲给予关注,作出批示。说句实在话,汪书记的意图实则在于广东的"山水之间",在于广东人民的生活、生计以及进一步改善的生产力。以我的能力，如果我当时再准备得从容一些，对这个问题可能谈得更好一些，更深一些。可惜，我最初并没有充分意识到自己演讲主题所包含的重大社会关切。

所以，稍后梅州市的李嘉书记让我到梅州讲一次，他说梅州人的幸福感是较高的，除了钱少一点之外，那里宜居的自然环境、悠久而良好的崇文重教之文化传统、优秀而深厚的客家文化和文明，为人民的幸福生活提供了独特的社会文化环境和精神资源。我知道梅州是叶帅的故乡，其实叶帅在"文革"时期也在我的故乡岳阳生活过一段时间。或许正由此，我对李嘉书记的介绍感到很亲切，也很容易理解和认同。我仔细反省了一下《什么是幸福》的演讲之后，便跟李书记说，我还是讲幸福，但是想从更宏观的角度来讲，这便是《人民幸福作为社会发展的最高目标》之演讲的由来。

"人民"是一个政治哲学的概念，人民是指所有国民，不是一部分人。每个共和国的公民都属于"人民"的范畴，他们都有权利对社会、对政府、对他所生活的群体提出要求，过一种"体面的生活"，过"小康生活"，"有尊严地活着"是每一个共和国公民的基本人权。现在我们也可以把这些概念综合起来说，过一种幸福的生活是全体人民的共同目标，也是国家和政府应该承诺的政治责任。所以我在那里讲了几个问题：第一是社会为谁发展，第二是中国社会主义理论的实践，第三是重新校正社会发展的目标，最后我结合梅州市的具体实际提出了若干初步的建议。因为我演讲前读到了一些有关梅州的材料，对梅州有了一个大致的信息了解。

梅州这个城市的确是一个宜居的甚至可以说非常美丽的城市，那里的自然环境很优越，文化和教育相当发达，丝毫不弱于许多发达地区或城市。现在，梅州建成了一个非常气派的"院士广场"，因为梅州出了很多的院士、很多著名的科学家和文化人。梅州的学校和教学氛围都很好，人们对教育、知识和文化充满崇敬和追求。它的确是个很奇特、很有魅力的地方，我印象最深的就是它的生态环境和人文资养。

据说，梅州市的经济是广东省较差的地方，但他们的教育、人文却是广东最好的地方之一，尤其难能可贵的是，他们不认为自己穷就可以减少对孩子的教育投资，他们说这是客家人最强有力的优良传统。对客家人来说，极少有人家不重视自己孩子的教育。这是值得我们好好反思的：在一个地区的社会发展中，传统文化因素能够发挥这么强的影响,可以看出社会文化对于社会发展的深刻影响,所以反思文化对社会现实的深远影响和隐性作用,实在是一个复杂而重大的课题。

《什么是幸福》这个演讲开了一个头,但是它仅仅是一个引子,关于这个问题的思考还有很多的问题,等待我们深入探究,包括我自己也还有很多的东西需要继续梳理。所以接下来我还要去深圳市演讲,我还会讲幸福这个问题,但一定不会重复。我现在正在准备,初步的想法是结合社会发展模式的反思,谈谈"幸福新政",以便丰富我提到的"新幸福主义"的理论。深圳是我国改革开放的经济特区,但不是也不应该是幸福生活的特区。我多次讲过,深圳的经济改革模式是不可复制的,现在再想建第二个深圳几乎不大可能,但它所面临的社会发展问题是相同或相近的,同样需要适时地调整或校准社会发展的目标和方式,以更加合理有效地贯彻科学发展观。我想,以深圳特区为个案,解析中国三十余年来社会改革发展模式的选择和调整,一定是有意义、有价值的。

## 冯胜平：

首先，我认为"幸福广东"是近年来省委省政府提出的一种真正具有创新意义的理念。过去几年里，我国部分城市提出了幸福口号，以江阴最为典型，用幸福指数作为政府绩效考核的一个重要参数。但是我以为，这种狭小区域的创新，仅仅可以看作是一个政府转变思路的小型实验田。而"幸福广东"的提出，则是以一个大省作为单位，所以，它可以说是对探索我国经济社会发展模式、发展理念转变的一个具有划时代意义的标志性事件。它表明了三十多年来我们GDP最大化的政府政策导向将转向国民幸福指数最大化导向，将政府主导型经济增长竞争上升到整体绩效及幸福指数的竞争，并通过建立幸福广东指标体系，以全新的评价机制，将增加民生福祉定为政府工作唯一目标，这反映了政府管理寻求社会公平与民主价值的发展取向，贯穿了公共责任与民众至上的管理理念，是一种真正意义上的理念革新。

其次，"幸福广东"是社会转型期的价值观重塑。经过三十多年的改革开放，人民生活水平日益提高，物质生活日益丰富，衣食住行、休闲娱乐、婚姻家庭及人际交往等生活方式都发生了重大变化，但公民道德素质水平却出现了一定程度的滑坡,近年来发生的一系列恶性事件,更表明了人们道德观念的薄弱,正确价值观的迷失。"幸福广东"的提出,就是将过去的一味地追求物质文明建设,转变为物质文明和精神文明齐头并进,平衡发展的和谐局面,重新塑造人们"仁、义、德、学、爱"的正确世界观、价值观,倡导人们追求幸福生活的全新模式。

## 陈实:

"幸福广东"的口号第一次喊出了社会主义最核心的关键词——幸福,代表广东,代表广东人民重新校正了社会发展的目标,找到了社会"为什么发展"、"为谁发展"的新方向,提出了中国社会主义理论新的实践途径。

这是万教授谈"幸福"时的一个核心观点。

这个观点不仅对"幸福广东"理念有极高的评价,而且对"幸福"本身有宏阔的历史认识,有敏锐而深刻的理论发现。

改革开放三十多年的过程,基本上都有一个理论先导做先导。改革开放前夕,破除个人崇拜,思想上拨乱反正、正本清源,我们有十一届三中全会精神，有"实践是检验真理的标准"；改革开放之中，破除计划经济崇拜，破除所有制崇拜，我们有商品经济理论、市场经济理论，有南方谈话精神；十五大以后，中国特色社会主义的第二步，由"温饱"走向"小康"，更是有"三个代表"重要思想和"科学发展观"理论。现在，当我们走进"后改革开放时代"，当大家都在询问"富裕以后怎么办"的时候，出现了"幸福论"，带来了新的理论气象，新的思想资源，新的发展思路。

　　从这样的理念出发，我们去思考"什么是幸福"、"幸福在哪里"、"怎样衡量幸福"、"如何创造幸福"，才能找到"发展"的本质和深刻的时代意蕴。

**幸福公式**

美国经济学家萨缪尔森幸福公式：幸福=效用／欲望。在这个公式中，幸福与效用成正比，与欲望成反比。当欲望既定时，效用越大，越幸福；当效用既定时，欲望越大，越不幸福。在这里：效用可以理解为现有的财货。

# 什么是幸福

幸福四要素
幸福"道"与"术"
幸福政治学

## 幸福四要素

"幸福"是一个很难确切定义的概念，但它至少包括四个基本要素："幸福"是主观的感受，是一种生活状态，人们要学会创造幸福，分享幸福。只有把握了"幸福"的"本性"，我们才能够掌握发展的本质和规律，才能够真正拥有幸福，创造出"幸福广东"。

万俊人：

什么是"幸福"？"幸福"是一个很难确切定义的概念或理念，所以，我只能尝试着给出一个大致的解释。我认为，"幸福"的解释至少包含四个基本要素：首先"幸福"是主观的，是人对某种"好生活"，包括良好的生活秩序、生活条件、生活环境和生活品质等等感到满意的经验感受。对于幸福的理解，一万个人会有一万种解释，甚至一万零一种解释。一个饥肠辘辘的饿汉看到一个馒头,他可能会用手上的宝石来交换馒头。因为此时此刻那个馒头比他手上的宝石更能让他感到幸福。反过来,你若请一个亿万富翁吃山珍海味,反倒不如请他到乡下吃家常土菜让他觉得更有滋味。同样,穷困潦倒的诗人很可能在绝大多数人看来是不幸的,可谁也不敢说我们拥有诗人世界的幸福生活;悠然自得的田园牧歌式生活可以被人们设想为理想生活的桃花源,可又有多少现代人能够理解并接受这样的幸福生活呢?幸福在每一个人的心里,在每一个不论因为什么原因而露出满意笑容的微笑和笑声中。可见,"幸福"是一个比较主观的价值词。

其次,我认为幸福是一种生活状态,一种人们对生活经验的主体心态。人的主观感受、心态当然也内含着人们对自身生活的价值评价。

我们经常说某个人幸福,然后祝愿他或者她生活幸福。可是,当你这样祝愿和希望的时候,实际已然包含了这样一种价值评判,就是说,这个人现在还不怎么幸福,如果他非常幸福的话,你的祝愿就是多余的了。相对于每个生活的个体来说,幸福是真切的。当你感到了一种舒适感、一种成就感、一种特别的快乐、一种称心如意的感觉，那就是幸福。

"幸福"的英文叫做"Happy"，这个词最早源于希腊文中的"优良"或"好生活"的意思。什么叫"优良生活"或"好生活"？亚里士多德说，所谓好生活就是值得过并且过得称心如意的、有成就、有满足感的生活。这样一种好日子，天天都让你感到很舒心，没有烦恼，用现在年轻人的话来说，就是你天天都感到很"High"（兴奋），那你当然很幸福。

每个人衡量一种称心如意的感受、一种满足、一种成就感的标准很可能是各不相同的。一个人当上了处长还想当局长，当上了局长又想当部长，成为部长之后还想再往上升。欲望可能永无终止，感受也就永不确定。

幸福的感受随欲望而变化。人们对幸福的感受与人们对幸福的追求和心理欲望是相辅相成的。人是所有生物中最奇怪的生物，与其他生物有着根本的区别。譬如，小草季节性地生长，季节性地枯萎；花朵季节性地开放，季节性地凋谢。再譬如，猪吃了睡，睡了吃，睡着便长，长到足够肥胖硕大后便等待被屠宰。所以猪的生活没有任何自为的目的，只有自在自然的目的，那就是长肥最终被屠宰，简言之，猪的幸福目的就在于尽快地走向死亡。但是,人不是这样,人的欲望从来没有一个终点,他不知疲倦地追求着他(她)的欲望和他的自为的目的,从不停歇,从不满足。德国哲学家叔本华说过,什么东西都没有人的欲望大,天大地大没有人的欲望大。为什么呢?因为人的任何一种已满足的欲望立刻就会转化成新的更大的欲望的动因,成名欲、金钱欲、色欲、权力欲等等。例如,很多贪官,我们都不理解他们,为什么养那么多的情妇?为什么钱放到发霉、用不完还要贪?其实我们不能简单地按我们的想法去推理他们的想法,因为金钱也好,美色也好,都是人对占有欲的自发追求。当需求变成欲望,他的目标就不再是满足,而是占有,哪怕是占有量远远超过其需求量。

我爷爷告诉我,我小时候有一个毛病,吃饭的时候喜欢把饭堆得像小山一样,实际上我只能吃尖尖的那部分,结果我爷爷奶奶总是不得不吃我剩下来的饭。我就是希望桌子上所有人的饭都没有我的多,这就是小孩的占有欲,是人的欲望的原始表现。

我有位北大的同学,在20世纪90年代初的时候下海经商。其实他的学问做得很好,但有一天他突然对我说,他要下海,理由是他实在看不惯那些商人,素质太低，也为学者做学问但没有钱的尴尬而感到痛苦，所以，他决心先下海赚笔钱，尔后再上岸来做学问。结果，他下海经商很成功。他对我说，等他挣了500万元他就不干了。没过两个月，他真的赚到了超过1000万元的钱。然后他跟我说，其实他是要挣5000万元，然后就不干了。后来他在海南搞房地产，一个项目就赚了1亿多，他又说他要把目标提高，赚够5个亿就不搞了。我开玩笑说："你不要老是这样解释了，你下的海，是欲望的海，你多半是上不来了，而且重要的是，你也不一定非上岸不可，只是要记得留点儒商的风骨就行了。"

这说明一个什么问题？说明人的欲望实际上是没有止境的，不是我们自己不想停止它，而是欲望本身就是一架永动机，一旦发动，便很难停下来。我在北大学习执教十六年，转入清华执教也有十二个年头了，近三十年先后搬了五次家，每次搬完家我最初的感觉都很惬意，但没过两年，我的书又没地方放了，又开始想有个更大更宽敞的书房。人的欲望就是这样。

但是，我们必须明白，欲望的满足绝对不等于生活的幸福！另一个古希腊哲学家德谟克利特说过，如果满足果腹之欲就算作幸福,那么猪就是最幸福的了。现代美国心理学家马斯洛也谈到,人的心理需求是一个有层次的主体超越过程,从形而下的生理欲求的满足到超越精神心理的满足,不仅证明了人类的灵性和超拔,而且也证明了人类幸福满足心理的向上超越之向高提升取向。

再次,幸福还是一个比较指数,也就是说,幸福是可以比较的。而且事实上人们往往会自发地将自己的幸福生活程度同周遭的他人之生活状态和生活条件比较,因而他们对生活的幸福感也会随着这种比较的差异变化而发生改变。

为什么?因为我们生活在人群中间,因为人本身是一种灵性的社会动物。人与人之间会很自然地产生相互比较、攀比的心理,更何况人的心理欲望本身也是有多个层次、递进增升的。人的欲望实际上有着不同的层次,即使是当上了皇帝,也还想长生不老,永垂不朽。就像我们过去的许多皇帝那样,都希望自己的江山永固不倒,自己的生命万寿无疆。普通人会认为,当了皇帝还会有什么幸福没有享受过呢?然而,乾隆微服私访的时候,却觉得一个素朴单纯的村姑要比他后宫的妃子漂亮可爱得多,因为他没见过这样的。所以，任何新鲜、新奇的东西都可能成为人欲望的对象，因而都可能把这种对象作为自己追求幸福的目标。每一个人的欲求是不一样的，每一个人对满足欲求的感受是不一样的，这就决定了每个人的幸福观念也不可能是一致的。

最后，幸福不仅是一种可以评价的生活样态，而且，幸福还是可以分享的，也应该相互分享。也就是说，人们对幸福生活的感受还是有"共同感"（亚当·斯密语）的。从社会或人际的角度看，幸福是一种可以观察、可以评价的生活状态。有的人觉得自己过得很幸福，但在旁人看来却不一定。比如，我们经常说一朵鲜花插在牛粪上，就是说一个很漂亮的姑娘找了一个很一般的丈夫。再比如，一位阔少开着奔驰、宝马飙车，自以为很爽，殊不知在旁人看来也是很危险的。

当然，我们不是身在其中，可能感受不到幸福。反过来，我们也可以说，那位漂亮姑娘很可能也是"不识庐山真面目，只缘身在此山中"。她可能觉得自己的丈夫就是天下最好的，可事实上并不一定。现在，咱们的一些人喜欢所谓"闪婚"、"试婚"，西方人很早就流行试婚。为什么会这样？我有些弄不懂，个中原因大抵也在于此。

有一次，我和一位美国学者讨论美国青年人流行的一句口号，叫做"Try again and again"，意思是"尝试、尝试、再尝试"，我认为，这样做既不合适，逻辑上也不可能达于最优结果。但这位美国教授说，只有这种方法才是最符合人性的、最能让人过上幸福的生活。他说，你没有比较怎么能知道哪一个异性最适合你自己呢？我反驳他说，这在逻辑上很荒谬，试设想：我要尝试十个人，找十个不同的对象谈恋爱，最后发现初恋者才是最适合我的。但这里会有几种可能，第一，我的初恋不可能等到我试谈了十个人之后再同我谈，她也需要不断尝试。第二，反过来，她要尝试不同的恋爱对象，我也不可能等着她。第三，人海茫茫，我们两人或许自第一次分手之后就再也难有相逢的机遇。

人际交往如同流动的河，复杂的网，不可能像实验室里的科学试验那样，让我们随心所欲。所以，最后可能选择的反而不是最优的，这是一种概率极高的可能性。可那位美国学者告诉我，这也是市场经济原理的实际借用，你的确可能得不到最理想的选择，但你可以通过比较尝试，获得较优或次优的选择结果，至少可以避免最坏的结果。

他把问题定位在较优选择，结果我倒真的驳倒不了他。这就说明，每个人的主观感受不一样，但是在外人和旁观者来看，还是可以观察、比较和评价的。

因此，幸福是可以从社会层面和人际层面相互比较的。也正是由于有了这种人际、群际的比较，才有幸福感受和体验的不同，才会形成某种不可确定、然而却是非常值得关注的社会压力和社会风险。比如，不同人群对于幸福比较所产生的不同感受，甚至是十分强烈的差别感受，这种差别感受所可能引起的社会情绪反应，这类社会情绪反应所可能产生的对现存社会秩序和既定状态的不满，甚或反抗，等等。罗尔斯先生在讨论社会的公平正义为什么是社会的第一美德和最起码要求时，也特别讨论了"公民不服从"或"公民违抗"的问题。我们在思考幸福比较和幸福比较指数时，同样需要考虑这一点。这也是博克先生的所谓"幸福政治学"和我所谓的"幸福新政"所特别强调的议题。

反过来说，我们也拥有对痛苦和不幸的感受差异，所以我们人类才会组成社会，以社会的方式生活，而不是一个人单独的生活。人类之所以选择以社会的方式生活,目的之一就是寻求"有福同享、有苦同担"的可分享的生活方式,这是人类社会的目标之一(稍后详谈)。著名的诗人顾城曾在新西兰的孤岛上生活过很长的时间,但实际上他是忍受不了那样长时间的孤独生活的。他在那里养了几百只鸡,天天杀鸡,最后把自己的恋人和自己也给杀了。这是心理性格的扭曲,心理性格被扭曲,生活也就与幸福绝缘了。人是社会的动物,你一个人过日子是过不下去的,即便可能,也一定是非常悲惨难耐的。人类比其他动物优越在什么地方?优越在我们是有情有义的、有意识、有感情、有理性的社会人。法国年轻的诗人哲学家居友曾经说过一句名言:"每一个人都有多于自己的快乐所需要的微笑,也都有多于自己的痛苦所需要的眼泪。"我们能够跟他人一起同悲共乐,为他人之乐而乐,为他人之悲而悲,这就是幸福的分享和不幸的分担,这就是所谓"人类社会"的真义所在!

也同样是由于这点,我们和整个社会都可以对每个人的生活做出客观的价值评价,评判某个人幸福还是不幸,有多么幸福,多么不幸。这样的价值评价有什么作用呢?有人可能会说,我过得好不好关你何事?这是不对的,不要拒绝别人的评价,哪怕是否定的、消极的评价。张三说，你最近怎么可怜兮兮的；李四说你最近的脸色不好；王五说你最近怎么这样春风得意；如此等等，不一而足。有些话虽然听起来不太好听，但无论好坏，都是对你和你的生活表示一种关切。假如什么时候没有人理你了，你变得无人问津了，那你就惨啦！当然，这不包括那些恶意的讽刺、诽谤，或者是阿谀、奉承。譬如，有些人喜欢把虚幻的幸福感强加给领导，"抬轿子"、"哄领导"、"取悦老板或上级"，这也是很可怕的。因为这类"被幸福"的感觉既不真实，也不健康，它会"使人昏昏"，流于"自失"，最终不仅会失去幸福，还会失去自己。许多官员的堕落难道没有那些行贿者、吹捧者的责任？我经常会请我的学生吃饭，但前提是学生要对我的讲课或其他方面提出一些批评意见或者建议，如果哪个学生老是讲好话，我就让他自己埋单。我觉得老听好话容易产生幻觉，我需要真实的评价和爱护。我经常跟我学生说的一句话是，我是你们的老师，我教你们一部分东西，但我必须从你们身上学到一些新东西。学生的批评提醒我要去弥补某个方面的缺陷，我就等于学到了新知识。苏格拉底说过"自知无知即为新知"，这是很深刻的道理。因为让你知道了自己的不足,你才会去努力改进,取得新的进步。知道自己的不足也是一种新的知识,一种关于自我的人生新知。所以,我也总是以实事求是的态度去批评或激励每一个学生,让他们从我的评价中获得真知。这是最简单的公平教育原则。对于别人的评价,我们不能光听好话,更不能不听别人的话。这才是一种正确的人生态度。幸福生活的姿态必须是、也应该是一种道德的生活态度。

现在,我们的社会流行着一个很大的伦理病,那就是道德孤独或道德冷漠。譬如,在汶川地震时就出了个"范跑跑"。一个老师在危险来临的紧急时刻不管自己的学生,自己跑掉了还言之凿凿地为自己辩护,甚至还恬不知耻地把自己的行为说成是尊重自己的生命,是人权意识的体现,等等。更糟糕的是,我们的社会甚至是我们的人文学者,还对"范跑跑"的行为表示"可以理解",甚或"赞赏",某些学校还表示要特别聘用"范跑跑"。如果换成美国或者任何一个文明国家,这样的老师肯定不会有学校雇用,但在中国还有好多学校争相雇用他,以提升学校的名气。而且,一位著名的社会学家在电视里与"范跑跑"辩论时竟然还辩输了,多数网友认为"范跑跑"

赢了，他的论据似乎更充分、更有力。

这是怎么啦？我们怎么啦？我们的社会怎么啦？是我们、我们的社会和我们的道德太宽容、太先进？还是我们、我们的社会和我们的道德太缺德、太缺乏人性？也许，这已然是我们这个社会的时代症候！可这是一种道德败坏、伦理沉沦的文化精神症候！我们的文化环境和道德伦理一定是出了问题，出了大问题。没有了基本的是非观念和善恶观念，没有了道德底线和基本的伦理根基，人如何成其为人？社会如何成其为社会？由此可以看出，当今社会的道德文化危机严重到了何等程度！

在我们的社会，冷漠、糊涂是社会道德文化的普遍现象。所谓冷漠，就是事不关己，高高挂起，即使是遭遇紧急状况，也袖手旁观，置身事外。看到小偷不管，甚至小偷偷自己的钱包而被别人看到了，帮你抓住了小偷，你还不敢承认。哀莫大于心死，悲莫大于德缺。所谓糊涂，就是对很多最清晰、最简单不过的社会事实失去最起码的价值判断能力，不知好歹。

当年，郑板桥公一句"难得糊涂"，道出的是清官面临浊世的无奈。今天，我们的"容易糊涂"，显露的是我们这个社会和时代的道德尴尬和伦理悲剧。

这是我们和我们的社会最可忧虑的事情！

我们对幸福的评价必须要有一个客观标准，我们必须要清楚，幸福是一种道德的生活态度，任何相关于人类道德伦理的事件和行为都是可以评价的。评价标准何在？在于整个社会的对于我们生活的价值导向，在于我们作为文明社会成员的基本道德共识，在于我们对我们自身生活和社会愿景的理想承诺。从基本物质生活条件的改善，到人们的福利提升；从人际、群际的伦理规范和相互期待，到每一个人的道德良知和社会良心。比如，基本生活条件的改善，衣食住行，有穿有吃，有居可行，这些都是可以量化的；还有基本的社会福利，比如说医疗、教育、社会保险等等。每个人都有享受基本教育的权利，可我们还有很多孩子没有接受教育的机会；每一个公民都应享有基本的医疗保险和社会保障，可我们还有许多人置身于缺少这些基本保障的风险之中。

更重要的是，我们对良好的社会生活秩序、社会的政治清明和伦理温存、对更高的文化分享和精神家园的渴求……都充满期待，这些构成了我们幸福生活不可或缺的要素。基于客观价值标准的评价不仅可以使我们对自身生活的幸福与否和幸福程度获得清晰的认识，而且也可以由此对我们生活于其间的家庭、社群、社会和国家获得清晰的价值估价，从而明白我们每一个人作为社会和国家公民的社会责任和伦理义务。

## 陈实：

什么是幸福？不同的人对"幸福"有不同的解释，政治学家偏重政治因素，经济学家偏重经济因素，社会学家偏重社会因素，伦理学家偏重伦理因素，心理学家偏重心理因素。修昔底德视幸福是自由，阿奎那视幸福为满足，斯宾诺沙视幸福为德性，密尔视幸福是利益，许多艺术家视幸福是创造，许多思想家视幸福是贡献。而大多数的人对幸福的理解，可能更接近于萨缪尔森幸福方程式：幸福=效用/欲望，即幸福与效用成正比，与欲望成反比。

中国古代没有"幸福"一词，"幸"和"福"是拆开来说的。"幸"是指侥幸、幸运、喜悦、期望、希冀、宠爱、高兴；"福"与"祸"相对，是指福气、造福、保佑、奖赏、储藏。

有人望字生义，对"幸福"进行了一种流俗的解释，说"幸"是"土+￥"，代表房子和人民币；"福"是"衣+一口田"，代表衣服和粮食。"幸福"就是有住房,有饭吃,有衣穿,有钱花。

其实还是《现代汉语词典》的解释好一点——作为名词,"幸福"是使人心情舒畅的境遇和生活;作为动词,"幸福"指生活、境遇称心如意。

## 万俊人:

对！西方人有一个关于"幸福"解释,认为生活称心如意就是幸福,无需为生活的基本条件而担忧、焦虑就是幸福,用我们中国人的话说"平安是福"。就是说,我今天不用想着明天,不需要考虑明天有没有米下锅,后天还有没有煤气,或者小孩有没有学上,老人得病方不方便医疗……没有这些担心,便有了基本生活的幸福。

这些基本的生活状态,包括居住条件和日常生活经验,都是可以观察的。譬如,广东的楼房九层以上才有电梯,我想,住在七层以上的老太太、老爷爷们肯定都不会感到幸福,他们上下楼的困难是不难想象的,难的或许就在于我们建房子的时候是否考虑到了他们的身体状况。

其实,我们应该很容易想到他们,因为我们每一个人都有父母长辈,每一个人终究也会衰老如他们一样。所以，我觉得，广州的这种建筑观念得有所改变，北京和上海的房子五层以上就有了电梯。还有，广东的居民房建得特密，我在一份报纸上看到过一幅漫画，描绘的是一对青年男女谈恋爱，一个站在前阳台，一个站在后阳台，两人竟然可以隔楼亲吻。这很搞笑，但很具体生动地说明了广州市一些住房的状况离幸福安居还很远。可见，我们对这些基本的生活元素和我们对生活的直观或直接的经验感受，还是可以评价的。

## 陈实：

幸福是真实可感的，具体生动的，像万教授说的，煤气、电梯、楼房，都可以带来幸福感。像印度《五卷书》说的，高高兴兴地同高兴的人在一起，痛痛快快地同朋友在一起，亲亲热热地同亲爱的人在一起，就能够享受到快乐和幸福。当我们以基本的生活元素和我们对生活直接、直观的经验来看"幸福"的时候，"幸福"就可以评价。

但我们不能限于对"幸福"这种物质性、社会性、生活性和世俗心理的理解，"幸福"还应该是哲学的、伦理学的。

从哲学上说，幸福属于人的本体结构。因为人是一种寻求幸福的理性存在，所有的人都爱幸福，渴望幸福，寻求幸福，是人的自然本性。

从伦理学上说，西方伦理学一直在争论，是"德性取决于幸福"，还是"幸福取决于德性"，不管他们认为"幸福即德性"，还是认为"德性即幸福"，实际上一致都把"幸福"认识为"合乎德性的生活"，决定幸福的是"美德"，是"至善"（或"首要的善"），是"对形而上的对象的思辨"，是"心灵的快乐"。

只有把握了"幸福"的"本性"，我们才能够掌握发展的本质和规律，才能够真正创造出"幸福广东"。

## 万俊人：

创造是幸福的另一个基本要素。怎样去创造和追求"幸福"？事实上，比知道什么是幸福更重要也更困难的是怎样去创造幸福，怎样去追求幸福。谈幸福容易，过幸福生活难，创造幸福更难。为什么？因为人们对幸福生活的理解是开放的，幸福是个流动的概念，所以幸福生活的创造永无终止。就像我自己对住房的感受一样，20世纪80年代中期我住"筒子楼"的时候，我希望有一个自己的套间，有自己的厕所、厨房，不要跟人家共厨房、厕所，更不喜欢天天跑公共浴室。几年后有了个小套间，我又希望有一个比较大的客厅。有了客厅后，又希望有个宽敞的书房……诸如此类，无穷无尽。因此，幸福的欲求不断增升，创造幸福的行动就不能停止。

大家都知道，创造幸福的过程是痛苦的。如何创造幸福？最大的问题就是人们常常把创造幸福和幸福本身混淆起来，幸福是一个目的，每个人都有目的，然而没有一个有效的手段去实现它，这个目的的意义就等于零。我今天想到白宫去玩，明天想去罗浮宫，但我既没有机票，也没有签证，更没有钱，这些想法就没有任何意义。

目的必须达到才会有满足感、成就感、幸福感。但有人常把手段当成目的。譬如，钱是实现幸福最基本的一种价值手段，但因为在现代社会里，几乎所有的东西都可以转化或换算为钱，或者兑换成钱，钱便成了最普遍的价值符号，以至于人们常常误把钱当作人生的目的本身，甚至为钱而挣钱而不是为生存和生活去挣钱。于是，问题便成了：幸福在于你怎样去赚钱？如何去赚更多的钱？

在这个过程中，你会发现两个问题：一个是挣钱的过程实际上是很痛苦的过程，不可能人人都像我的那位同学一样幸运，一下海就赚一大把，那是因为他很幸运，加上有很多额外的优越条件。成功有时是很偶然的，取决于机遇或者"道德幸福"。但大多数人的成功却充满艰辛，我们去读一些成功人士的传记，比如，李嘉诚先生或者霍英东先生的传记，你就会知道他们挣钱的过程，或者说创造幸福的过程充满着多少艰辛。所以，有时候幸福和不幸，快乐和痛苦实际上只有一线之隔。痛苦的创造实际上是为了快乐的幸福。但是，不经历风雨，便不能见到彩虹。我们不能坐在那里等待幸福，就像"等待戈多"那样，那一定会让你大失所望的。比如说，你偶然发现了金山、银山，或者彩票中大奖，这当然非常幸运，但幸运并不等于幸福，生活中有很多种这样的幸运，幸运也确实可以转化为幸福，但你不能把幸运看成幸福本身。

我有一个朋友天天买彩票，买了十几年从来没有中过奖。幸运就跟赌博一样，你可能赢，可能输，而且大部分时候是输。彩票都是根据一定的科学概率学原理来设计的。你不能把自己的幸福建立在中彩票、赢赌博的概率上，你必须找到一个持久恒定而且合理有效的方式，去追求幸福，创造幸福生活。所以，创造幸福要根据自己的能力和条件，去理性地找到一种适合于自己、并且能够成就自己事业和生活的方式。

与之相关的第二个问题是，不仅要敢于创造，还要学会或者具备创造幸福的能力，具体地说，就是要学会和掌握赚钱或者博得成功的本领，还要有机遇和把握机遇的能力。西方的主流经济学家和政治哲学家喜欢谈论"机会均等"。但1998年经济学诺贝尔奖获得者、美国哈佛大学哲学系的道德哲学讲座教授，兼哈佛大学经济学系的教授阿马蒂亚·森却富有洞见地指出，对于实现社会公平正义的目标来说，比"机会均等"的自由信条更为重要的是让人民拥有实现公平机会的均等能力。没有必要的能力，机会或者机遇等于零。

现在，我一看到大学生毕业求职的情形，就深感当年我们大学毕业就业时的幸福。我1983年大学毕业时全年级100人，每个人大概可以有5~6个职位可供选择，有20多人去了北京，基本上都是部级单位，包括中宣部、统战部、民政部等，那时候连中央电视台似乎都不被特别看好。所以我现在的学生常对我说，老师你们当年比我们今天更幸福。我想问题可能没有这么简单,因为我们那个时候是人才匮乏的年代,而现在虽然仍然需要大量高端人才,但人才需求和大学人才的输出量已经大不相同了。况且在社会转型后期,我们的人才培养模式和社会转型后期的人才需求实际上是有严重脱节的,培养出来的人没有人用,需要的人才还没有人培养出来。这不是大学生自身的问题,而是我们的高等教育改革要解决的问题。

还有,我们国家并不是人才多了,而是仍然处在人才匮乏的阶段,只不过不像20世纪80年代那样呈现出人才绝对匮乏的特殊状态,而是呈现出某种相对匮乏的局面。在人才培养方面,我们远不如在财富储蓄方面,有那么多的"过剩"和"闲置"。中国的教育遵循的仍是一种落后的传统理念,叫做"应试教育",中国人会考试,但不会干活,尤其还缺少知识创新能力。就我现在所在的清华大学来说,各类毕业生的分配情况可以说是全国较好的,为什么?因为工科学校崇尚实用理性,培养出来的人做试验多,工具理性强,相对比较好用。

创造幸福一定还需要有创造幸福的条件和能力,社会如此,教育如此,每个人自己也是如此。你要选择最适合自己、成就你自己的方式、道路。要知道你自己能干什么，你是一个什么样的人才，能付出多大努力，你便配享什么样的幸福。

还有，创造本身就是幸福。有一个问题，就是很多人把创造幸福过程中的痛苦和艰难视之为不可忍受的不幸，其实创造本身就是一种幸福，哪怕是创造过程中充满了艰难困苦，那也是一种"快乐的痛"或者"痛并快乐着"。甚至，即便是创业不成功，也是值得我们自己珍惜和珍藏的生活经验。如同奥斯特洛夫斯基在其《钢铁是怎样炼成的》一书中所写的那样，"许多年后，当我们回首往事，我们决不会因为自己的碌碌无为而感到懊悔。"杜绝悔恨也是一种幸福，尽管是消极意义上的幸福。

两年前的暑假，我应邀去剑桥大学参加该校建校八百周年校庆，在那里接触到了不少国内煤矿老板的儿子，可以说十之八九都是很难成才的，大都在享受悠闲。后来碰到一位男青年，他问我是不是要去买东西，乐意开车送我去。他开的是一辆宝马名车。稍微熟悉后，他对我说，我知道你们大都对我们这些煤老板的儿子抱有偏见，我现在就是要尽力改变你们的偏见。他承认，十个煤老板的小孩中确实有七八个都不着调,留学三五年英语还说不成句。

煤老板的钱之多是很难想象的,据说他们汽车的后备箱里装的都是钱。那位青年人对我说,因为这些老板的小孩们家里条件太好了,要什么有什么,都不知道自己还能干什么,还需要干什么,还值得去干什么。他们在国外留学许多人都不住学校宿舍而住宾馆。他说:"我一定要做回自己,凭自己的努力打拼自己的事业和生活,好好学习,毕业后回国找份工作,自己创业,绝不再躺在父母的怀抱里过日子。"我愿意相信,这孩子是有希望的。他已经有了一种独立自主、自立自为的意识和觉悟,有独立开创自己幸福生活的自觉和努力。因为他已然明白,父母创造得再多,不属于他自己的创造。每一个人,尤其是年轻人,都应该自己做回自己,要立志做"富一代"而不是"富二代"。"一"总比"二"好。

等到人到中年和老年的时候,你会发现,生活幸福感最重要的组成部分其实就是自己的人生回忆。一个人的人生中有很多值得回味的东西也是一种幸福,而回忆是否丰富与你的生活是否富于创造性是直接关联的。如果你什么都没有创造,你的回忆就会很苍白。你做过什么?你走过几条路?趟过几条河?假如你的生活很苍白，很空洞，老了以后没有东西可以回忆，那么你得老年痴呆症的概率一定会比那些有回忆的人高得多。

现在有的人非常急躁，就是因为过去的生活太简单，人的生活越单调，情绪就会越急躁，尤其是在更年期。所以，一个人的克制力，一个人调整生活的能力，同他的生活经历是成正比的。经历了痛苦才能珍惜快乐，经历了严寒才知道春天的温暖，才懂得快乐和幸福感受的珍贵。心理学有一种说法，心理落差越大，记忆越深刻。我想，我们关于幸福和幸福生活的记忆也是这样。

最后，人们要学会创造幸福。曾经有个老板对我说，他最近烦得很。我问他烦什么，是否生意出毛病了？他说他赚钱越多，越觉得没有成就感。我问他：你是真想要成就感还是假想要成就感？你是怎么理解成就感的？他很坦率地说："像我这么有钱的人现在实在是太多了，也没有几个人知道我，我想做点什么事也做不成。"我问他："你想做什么事？"他说："我想得到社会上的承认，知道我会赚钱，我的钱能够产生大作用。"

有钱了想要人家知道，这种心理可以理解。因为你的钱再多，没有人知道也就等于没钱。亚里士多德在两千多年前就讽刺说，只会挣钱、藏钱而不会用钱的人肯定是有毛病的人，因为这样的钱就是不结果的花，好看不中用。

我跟那个老板说，你要成就感可以，你要多大的成就感？他说中等的就行。我说那你拿两千万元来建二十所"希望小学"如何。后来，他果然那样做了。现在的他可就大大不同啦。你知道他每年最高兴的事是什么？是去开地方政协会，去参政议政。因为他捐资建校，做慈善事业，已被选为地方的政协委员了。老板挣钱到了一定的时候，两千万元对于他来说或许只具有数字变动的意义，只有正当合理地运用钱，才会产生新的社会意义和道德意义，挣钱的成就感才会提升增强。

所以，有成就感就是你要知道自己创造幸福，除了创造钱、创造物质条件以外，你还要创造幸福本身。我觉得我的那个商人朋友很会创造幸福。交朋友也是创造幸福，一个人的朋友越多，他的生活就越丰富，当然也就越有幸福感。中国人讲"多一个朋友多一条路"，道理就在这里。

我还有一个经验可以跟大家分享。我经常买菜做饭,从十一岁起开始就做饭,一直做到现在,几十年了。结婚的时候,我的母亲对我说:"咱家没有女孩,你从十一岁就开始做饭,原本想等到你结了婚之后就可以不做饭了,没想到你还要自己做饭。"其实母亲不知道,做饭对于我来说已经从一种家庭劳动变成了一种幸福。我已经习惯于一边做饭一边哼着小曲,别人做的东西不合口味,我自己做的吃得香,尤其是看着妻子和儿子吃得香,我做饭的成就感便更加强烈,做饭的过程便成了创造幸福的过程。我的邻居说,你一唱歌我就知道你在做什么好吃的,歌声越高表明你家的晚餐可能越好。你看,就是这样一件很辛苦的家务活,也可以把它做成一个快乐的事,这就叫创造幸福。

最后,我谈谈个人和人际如何分享和享受幸福。每个人都要首先学会享受幸福,但幸福不能独享。实际上我刚才已经说了,食可以独吞,但幸福不能独享。如何享受幸福是现代人特别是我们现在的中国人面对的一个很大的问题。

过去,我们最痛苦的是做不成蛋糕,或者蛋糕做不大,即不会创造幸福生活。现在,我们最痛苦的是蛋糕做大了却没有分好,不知道怎么分享这个蛋糕。

也就是说，我们会创造价值了，但还不太会享用价值。

现在很多地方、很多人都觉得自己特有钱，我到印度的时候就觉得自己像个百万富翁，遍地撒钱，感觉很好。可是，我们自己现在却不会分蛋糕，没有分好，有些人撑死，有些人吃不完，丢到马路上，丢到垃圾桶，另外一些人却吃不饱，吃不到。最痛苦的是，蛋糕做大了，做好了，忘记吃了，结果被别人拿去挥霍了。现在美国人就在吃我们做的蛋糕，美国人消费用中国人的钱，包括打仗。这是我们中国人现在最痛苦的事情。

很多人都在提同一个问题：我们的社会有这么多国民储蓄，国家有这么多的国际借贷，为什么不把这些借贷资本和国民储蓄转化为国内人民的生活资源，让国民住更宽敞的房子，享受更好的医保，受到更好的教育。广州是大都市，大家可能感觉不到现代人的贫困。

几年前，我到宁夏银川讲学，那个地方相对落后一些，当时往返北京的飞机不多。讲学以后，第二天没有飞机回北京，到第三天才有飞机，邀请方就带我到处看，最后他们问我还想看什么，我说，我想看最穷的地方。他们还有些犹豫，我说我又不是记者，也不是领导，我只是一个做伦理学的学人，不必担心什么。在某种意义上说，经济学家永远站在富人的旁边，而伦理学家则永远站在穷人的身后。我告诉他们这是我的职业。如果哪一天伦理学家对贫困和穷人也失去了感觉和同情，那这个学问就没法做了。所以我要看看那里最穷的地方或人家，以增加我自己的道德敏锐性。

结果，他们把我带到一个很穷的地方，那里的穷是我们今天根本没法想象的。一家四口人没有碗，只有一个很大的树桩当餐桌，上面挖了五个窝，中间一个大窝，旁边四个窝，饭熟后倒到窝里，一家四口人围着吃饭。我问户主，如果再多一个人怎么办？他说，那就再挖一个窝，实在不行再找个树桩再挖窝。我听后非常难过。我们在同一片蓝天下生活，在同一块土地上耕作，为什么他们还过着那样的生活？现在在北大、清华，你仍会发现很多学生营养不良。为什么？因为他们没有足够的钱吃荤菜，老是吃咸菜、喝稀饭、啃馒头。清华大学每年用将近六百万元补助学生食堂。北大、清华是中国最好的大学，但这两所学校的学费是最低的。因为我们有一个共同的信念，不要让那些有天分、有才华的学生，因为学费而止步于我们的校园门外，失去教育的机会。尽管我们有各种各样体制的或者其他形式的道义帮助，但还是有这样一些人难以自保。

如何享受幸福，看起来是个人的事，但更多的是社会的事。我刚才说，我们这个社会现在还不会享受幸福，把蛋糕做大了却不知道怎么分着吃，而且最痛苦的是做好了放在那还没有吃，忘记吃，结果被别人拿去吃了。有的工作狂也是这样，一天到晚就是上班加班，创造创造，却不知道创造为了什么，如何享受自己的创造成果。

据网上报道，搜狐的老总张朝阳先生有一个爱好就是爬山，他爬了很多著名的高峰。他说，登山有两个好处，第一是攀登的感觉使你能够加深对人生的体会，其实人生就是爬坡，就是一步一步朝着更高的地方攀登。登山的感觉艰难危险，然而充满快乐，登上顶峰的那种感觉，你花多少钱我也不卖。第二是登山可以从日常紧张的工作中摆脱出来，有一个彻底的放松。使自己跳出工作场，站在远方去回眸工作的状态，然后反思我值不值得再干下去。张朝阳这种做法是非常好的，大多数的人是不断重复日常工作，不断重复地工作难道就是为了这样生活？实际上不应该是这样的。

我到芬兰去访问的时候，约好了14时会见芬兰的文化部部长，但是到了时间却只有一个小姑娘在倒茶，后来倒茶的女孩对我说她就是芬兰的文化部部长，这让我很吃惊。后来跟我同去的朋友告诉我，她还是2000年的"芬兰小姐"。我问，参加选美的小姐怎么能当文化部部长呢？是否有些太不严肃了？我的朋友对我说："万老师，你不了解芬兰，芬兰最珍贵的不是当官，不是当部长、总理，而是享受阳光。"他还告诉我，他们政府的总统、总理和三分之二左右的部长都是女性，男的不干，连国防部部长都是女的。我问这是为什么？他说，你知道被我们芬兰人视为最高的价值是什么吗？是"阳光"。因为芬兰在北极附近，一年超过六个月是寒冬，所以芬兰是全世界自杀率最高的国家。那么大的国家才几百万人，开车到邻居家也要十几分钟，到了大冬天根本开不了车，所以，很多芬兰人只能躲在家里独对漫长的冬天，比较容易得忧郁症，说得难听一些，那些自杀者其实是被憋死的。所以，芬兰人对阳光的渴求是最强烈的，芬兰的男人大都在马路边上喝咖啡、喝啤酒、晒太阳,把管理国家的大事交给妇女们处理。

早几年印度尼西亚海啸为什么死那么多北欧人?因为他们都在那里的海滩上晒太阳,中国游客却大多在印度尼西亚的商场里采购,所以海啸中中国人死得较少。这也说明,大家对生活和价值的追求是不一样的。

从某种意义上来说,中国大部分人还不会享受幸福。有了钱就花天酒地,找二奶、找三奶、找N奶,社会风气非常不好。有的人认为,买高档化妆品、用名牌、坐豪车、吃好的就是幸福。这样的幸福是很肤浅的。我们社会的状态非常让人忧虑。有一项网上调查发现,北京的高校竟然有超过50%的女生愿意被包养,而不愿意自己去找工作。现在找工作确实很难,这我能理解。但是,是不是因此就这样绝望了?就可以把被包养看作是一种幸福生活的捷径?这是一个严肃的社会问题。

前面说的是如何享受幸福,现在再说说幸福需要分享。分享有两个好处,就个人来说,与人分享不仅更安全,也更有幸福感。就社会的角度来说,幸福的分享程度越广泛,说明这个社会越公平,秩序越好。反过来,这个社会就不公平。比如说,社会的资源分享,少部分人垄断,多数人沾不到边,这就很麻烦。

我是从事教育工作的,我知道教育资源分配就非常不公。从社会角度来说,能够享受充分的教育资源肯定能使公民感到幸福。但是现在上大学都很麻烦,譬如,中大在广东,所以它在广东的招生比例大。哪个地方的高校多,这个地方的孩子获得高等教育的机会就大。

我告诉大家一个数字,按照2011年的数字,在北京要招六万多名大学生,但据说2011年北京市能够毕业的高中生还不到六万。而河南是全国人口最多的省份,却没有一所"985"高校,只有一所候补的"211"高校——郑州大学。

河南的人口是我的家乡湖南省人口的一倍,但湖南的高校较多,"211"高校都有四五所。河南是中原地区,是中华文化的发源地,教育怎么这么落后呢?我就想不明白。显然,在北京、湖南、河南三地,高等教育的资源分配就很不公平。在清华的招生中,同年同一个专业的学生分差可以近百分,这也体现出教育区域性的不公平。

所以,从社会的角度讲,让公民尽可能公平地分享,或者尽可能普遍地分享社会资源所带来的幸福,这是至关重要的。因为人际幸福是有比较指数的。封建社会的农民为什么造反？因为他觉得被这个社会抛弃了，与其让你抛弃我，不如让我抛弃你。如果社会抛弃了民众，那么民众会反过来抛弃既定的社会，革命就会发生。经济学家有一个指数，如果标示贫富差别的基尼系数超过0.45，那么这个社会就会进入不稳定的状态，如果超过0.6，社会就会处于动乱状态。因为，基尼系数超过0.6，就说明社会已然极度不公平，一部分社会公民必定要起来抛弃这个社会，抛弃既有的政府。

我们不会享受幸福，只知道天天做蛋糕，不知道做了以后如何吃，吃了以后再做。吃的时候也要看周围有什么人，大家都能分吃一口，不能自己一个人吃独食，这是一个社会管理艺术问题。所以，对于今天的广东和未来的广东来说，所谓"幸福广东"实际上最大的问题不是创造幸福生活的条件，而是像汪洋书记所说的，幸福是让所有的民众感觉到幸福，而且要更给力，更持久，让他们作为幸福的享受主体，让创造主体享受幸福。实现"幸福广东"这个目标最大的任务是要怎么让民众能够享受到幸福，怎样合理地分享幸福的成果。"创造幸福"这个问题从根本上对广东来说可能已经解决了，也就是说，我们找到了把蛋糕做大的办法，现在的问题是学会怎样分蛋糕，政府作为分蛋糕的主角应该有这样的立场，即政府应该拿最后一份。

美国著名伦理学家、政治学家罗尔斯提出了"纯程序正义"，就是使分配达到最公平的程序。他认为，最好的方法是让分蛋糕的人拿最后一份，他如果分得不公平，他就只能拿最小的一份。所以，他为了自己拿到跟第一个人一样分量的蛋糕，他一定要用线拉，用尺子量，分得非常的匀称。这样，最后一个人和第一个人拿到的才能是一样大小的份额。政府作为分蛋糕的人就应该拿最后一份。

## 陈实：

我们把万教授的幸福四要素总结一下。

一是感受——"幸福"是人对某种"好生活"（良好的生活秩序、生活条件、生活环境和生活品质等等）满意的主观经验感受；幸福的感受随欲望而变化。

二是状态——幸福是一种生活状态，是对自身生活的价值评价，幸福是可以比较的；舒适感、成就感、快乐、称心如意，就是幸福。

三是创造——创造是幸福的基本要素，人们要学会创造幸福；创造幸福比知道"什么是幸福"更重要；我们要具备创造幸福的能力；创造幸福的行动不能停止，创造本身就是一种幸福。

四是分享——幸福不能独享，幸福需要分享。幸福的分享程度越广泛，社会越公平，秩序越好；"幸福广东"至关重要的内涵，就是让所有的创造主体成为享受主体，普遍地、公平地、合理地分享幸福，让广大群众更给力、更持久地感觉到幸福，享受到幸福。

## 幸福学

　　幸福学是一门研究人类幸福的本质规律，用以指导人类获得幸福的综合性科学。幸福学也可以称之为幸福哲学。幸福学是一门新学科，涉及伦理学、心理学、文艺学、经济学、法学、生态学、生命科学、精神病理学等许许多多社会科学和自然科学中的学科，同时与哲学也有不解之缘。幸福学不是一门高深莫测的学科，与其他侧重某一领域研究的学科相比，幸福学属于一门将幸福问题作为迫在眉睫的问题来研究的学科，这种针对性强的学科正是人类所急需的。

什么是

幸福

SHENMESHI XINGFU

## 幸福"道"与"术"

我们国家经历了两个转型,一个是经济的,另一个是社会的。经济转型方面我们有了一条道路,解决了"道"的问题,即市场经济是它的"道"。但是目前的社会转型和整个国家的转型,却是有"术"无"道"。

**李江涛:**

为什么我说要研究痛苦指数和不满的问题呢?就是要从这里面寻找走向幸福的路径,要找出改革的要点。改革到了今天这一步,已经非常艰难,现在的问题就在于,现在的既得利益者与改革初期的既得利益者是不可同日而语的。过去的那些人除了权力,什么都没有,现在不同了,他们的背后有资本支撑。资本和权力结合起来是所向披靡的,资本能使鬼推磨,可以冲破一切罗网，如果和公共权力结合起来的话，我们一般的老百姓是对抗不了的。

所以我们要研究这些问题，这个不同的问题有不同的方式解决。考虑到未来的社会要形成比较合理、比较稳定的社会，有赖于中产阶级的壮大。为了有利于中产阶级的壮大，当务之急还是要进行改革，改变目前不公平、不合理的问题，包括分配的问题、资源占有的问题。不光是煤老板，国有垄断企业占用了那么多的资源、资金、优惠政策，他给我们贡献了什么？这些东西很早就提过了，但是就没有人下决心做这个事情。

林肯说了一句话，政治家做决策，有时候需要的仅仅是勇气而已。我们的政府领导在考虑地方发展的时候，有太多"术"，缺乏"道"。大家想了很多"术"，但是"道"的东西被忽略了。这样带来的问题就是头痛医头、脚痛医脚，治标不治本，政府就变成了救火队，全情投入到维稳中，我们的维稳队伍非常强大，现在广州市各个街道（镇）都要有综治维稳中心，这还作为一条经验。

如果研究到社会控制成本，你会觉得非常吓人，那是非常高的。一个社会靠这样的做法来维持它的稳定和秩序，花这么高的成本，这样做也压不住。

例如信访的问题。有这样一个例子，我们到汕尾调研，镇上的干部跟我们说，现在很难弄，因为现在如果你这个地方有人去越级上访，你的奖金就没有了。现在农民就用这招，你不答应我的要求，我们就去省城，到北京。

从研究者的角度来看这些问题，我们觉得有很多的思路没有理顺，实际上是很多东西没有想明白，然后又急于求成，我们的浮躁心态不是现在才有的，从"大跃进"的时候就已经开始了，然后延续到现在。各级政府也是有这种浮躁，只想把GDP弄上去，然后传染到社会的成员，大家都是这样，想尽快脱贫致富，尽快达到小康，尽快成为大款。都想当大款，当不上的就傍大款。

## 郑梓桢：

我们国家经历了两个转型，一个是经济的，另一个是社会的。经济转型方面我们有了一条道路，至少是解决了"道"的问题，就是从计划经济转向市场经济，市场经济是它的"道"。我觉得我们经历的重大的社会转型，我可能还要悲观一点，万教授说到了后期，我觉得现在刚刚进入转折期。我觉得我们的社会转型和整个国家的转型，在我看来是有"术"无"道"，我们搞了很多的运动，尤其是在社会和谐方面，这些都是术，并且它没有一个道为中心、为理念。所以我把这种情况描述为有"术"无"道"。我们破坏了不少，经济上我们也有破坏，但是我们建立起了市场经济。我们不能说破字当头，立就在其中了，破了还要立。我们的社会破了不少，但是在社会转型之后，我们有没有竖起什么道？我觉得广东提出的"幸福广东"，万老师提出的"人民幸福"，在我看来，我感觉广东在这方面试图竖起一面大旗，建立一个"道"。

以前我们是以GDP为中心，现在不以GDP为中心了，我们提了"社会和谐"、"以人为本"、"科学发展观"，但是还没有一个比较上口的、比较浅显的、人民群众喜闻乐道的、容易理解的，类似"打土豪分田地"，类似"为人民谋幸福"这样的口号。我觉得广东现在提出"幸福广东"，或者说"人民幸福"，这是竖起了一个道，竖起了一面旗帜。

现在讲的社会转型，不以GDP为中心，在社会建设和社会管理上下工夫，如果竖起了"幸福"这面旗帜，我觉得就等于竖起了一个"道"。我也觉得这个道有很深的意思在里面，还需要挖掘，需要大家讨论。讨论"幸福广东"、讨论"什么是幸福"，会达到一个目的，起码是让老百姓、让各级干部弄清楚社会转型要转到哪里，它的道是什么，它的目标是什么，它的理念是什么，它的模式是什么。

现在很多地方实行的一些社会管理和社会建设的政策，按照现在社会的标准去观察，已经是不行的，因为整个社会已经变了。以前是"八个样板戏"，难道现在是"36首歌"吗？这个社会已经不是这样的，再搞这样的东西是不适合的。我比大家年纪大一点，我是经历过"文化大革命"的，那些东西早试过了，要行的话早就推行了。尽管我们还没有深入，但是这种讨论有好处，并且也引导理论界和实践界往社会建设和社会管理方面进行思考，寻找我们的"道"，寻找我们的理念和这个社会发展的模式。

我觉得这个模式还比较乱，还乱在什么地方呢？比如说我们现在强调社会建设和社会管理。

社会建设和社会管理要往哪方面努力？社会学中谈到社会建设、社会管理，离不开"公民社会"，离不开"公民自治"，离不开"非政府组织"。没有这些，怎么谈社会建设、社会管理？有一些重要的杂志要我写文章，我说：你是否让我谈这个，不谈这个的话，你让我怎么谈社会建设、社会管理？我说你们自相矛盾，你们自己的政策里就谈到了公共参与。

我也不一定强求西方的做法，西方不一定是对的，你也可以用你的方法，你可以采用中国特色的，但是你自己也没有方法，还是小打小闹，跟现在的社会建设和社会管理完全不沾边。所以这方面我很同意万老师的观点，在这种背景下，我觉得广东讨论"幸福广东"，在我来看，它的意义也就在这里。第一个是解决"道"的问题，在解决"道"的问题的同时，我们去讨论"术"的问题。所谓"术"就包括我们的发展模式。所谓"道"，就包括我们的目标、理念。

## 国民幸福总值（指数）——GNH

这个概念最早是20世纪70年代由南亚的不丹王国的国王提出的，他认为"政策应该关注幸福，并应以实现幸福为目标"，人生"基本的问题是如何在物质生活（包括科学技术的种种好处）和精神生活之间保持平衡"。在这种执政理念的指导下，不丹创造性地提出了由政府善治、经济增长、文化发展和环境保护四级组成的"国民幸福总值"（GNH）指标。

什么是幸福
SHENMESHI XINGFU

# 幸福政治学

> 从政治学的角度来看，幸福不光是对身份、荣誉、财富、健康、教育、环境等的个人心理感受，不光是经济成就或社会福祉，幸福跟政治制度密切相关，"幸福感"受到政治制度、政治改革的深刻影响。

**万俊人：**

两位先生谈到了幸福的"道"与"术"，这是个极有意味和深意的话题，涉及幸福生活的社会宏观方面。这使我想起了2010年刚刚出版的一部很重要的著作，书名叫做《幸福政治学》（*The Politics of Happiness*, Princeton University Press 2010），作者就是我前面提到过的前美国哈佛大学资深校长德里克·博克先生。博克先生从考察"不丹模式"入手,系统阐释和论证了所谓"幸福政治学"的研究方式。众所周知,不丹是我们的邻国,国家版图很小,地处喜马拉雅山西南山脚下的深谷,一直比较封闭,社会发展形态相对滞后。但是,近年来,不丹国王旺楚克率领他的臣民实施了一系列社会改革,主要从四个方面着手,这也是"不丹模式"或"不丹经验"的四个基本要素:(1)善治与民主化;(2)稳定而平等的社会经济发展;(3)环境保护;(4)文化保存。

表面来看,"不丹模式"并没有什么新奇的经验或内容,但具体落实到不丹的自然环境、部落多元文化、封闭性封建世袭政治和巨大的社会经济与政治差异的独特社会语境之中,就会发现,它实际包含了社会政治、社会管理,社会经济公平,部落特殊文化传统的保存与维护,自然生态环境的保护四个最基本、也是最重要的社会发展方面。

更为重要的是,不丹的社会改革目标一开始就十分明确而坚定:所有这四个基本方面都是为了改善不丹国民的生活,以谋民生或者谋幸福民生为根本目的。事实上,不丹的社会改革非常成功，在联合国有关机构的评估排序中，不丹的幸福指数在世界各国中排在了中上游水平，同时也得到了绝大多数国民的衷心拥护。

由此不难看出，从社会宏观的角度看，所谓幸福之"道"，其实就是以国民或人民幸福为根本目标或目的的社会发展之道。所谓幸福之"术"，也就是国家政府和社会为实现这一社会发展之道所采取的合理有效的手段、方法和方式。前者关乎国家的政治的基本理念、基本制度的正义安排、执政党的执政理念、社会发展的战略目标、公民社会建设（政治的、文化的、道德伦理的……）的健全和谐，乃至公共管理者（尤其是各级政府首脑）的职责承诺等国家社会政治的"本"与"体"；后者关乎政府行政管理方式的正当合理、公共社会管理技术和管理者的职责履行的合理有效、公民个体的健康生活计划实践，等等。

此外，作为我们生活环境之自然基础的生态环境建设也需要置于重要而紧迫的位置，既要对之有长远的考量——作为我们幸福生活的"道"；也要对之有现实可行的料理——作为建设我们幸福生活的必要之"术"。关于生态文明的建设问题不能只从技术合理性的层面考虑，也不能只停留在论道说理的观念理论层面，它实际上是十分复杂而紧迫的重大课题，对于正处在社会加速转型和产业转型过程中的当代中国来说，尤其如此。

我想，幸福之"道"与幸福之"术"的综合，就是我所说的幸福政治学之基本含义。我是借助博克先生的概念而论的，但我想表达的还是当代中国社会语境中的幸福政治学。"幸福广东"为这种幸福政治学提供了一个再典型不过的研究个案，但愿经过我们大家的努力探索，尤其是经过广东下一步的社会改革和科学发展之实践经验的积累总结，能够形成一种中国特色社会主义幸福政治学的理论模式和实践模式，为以胡锦涛总书记为代表的新一代党中央所提出和追求的科学发展观贡献一份独特的思想资源和实践证明。

## 冯胜平：

我以为，我们现在正在做的事情就是这种努

力的开始。我更相信,这也是汪洋书记和我们广东省、甚至是我们这个小小的文化研究所正在致力的一项崭新的社会理论工作。今天把各位邀请到我们所举行的这次圆桌讨论,正是希望借力于各位的理论智力和思想智慧,推动这项事业。邀请万俊人教授来做"什么是幸福"的"岭南大讲坛",为我们的计划开了个好头,现在需要各位专家和官员帮助我们合力推进这项计划。当然,这项计划确如大家所言,是一项意义重大却又十分复杂艰难的计划,一两次推动是远远不够的,需要我们不断推进,持之以恒,经过长期的艰苦努力,才会有所建树,有所成就。我希望各位专家一如既往地支持我们,帮助我们!我们也将邀请更多的专家学者、社会工作者、管理者和广大的群众代表参与到我们的这项事业中来,有效而深入地开展工作,达到我们和公共社会共同预期的目标。

## 陈实:

幸福政治学是以幸福政治为研究对象,对幸福政治进行学理上的阐释,通俗一点来说,就是从"幸福"的角度来谈政治和政治学。

在西方传统中,比如在亚里士多德那里,幸福是人的目的,善就是幸福,政治学是关于善的知识和学问,是为人类创造自由、快乐、幸福的工具,是研究和把握人的幸福的"最高的科学"。罗尔斯甚至希望以"民众幸福"为根本理念和价值追求来改善和塑造美国的宪政体制。

中国传统上只有政治,没有政治学。以往我们的政治和政治学是孔孟式的,管子、商鞅、韩非子式的,霍布斯、马基雅维利式的——以权力为核心,讲的是法、术、势,讲的是"治理",把政治当成是"治理众人的事情"。

现在是全球化的时代,哈马贝斯、罗尔斯的时代,政治和政治学从宫廷、从政治家和政治集团、从秘密的角落走出来,成为人民大众追求幸福的思想武器。

从政治学的角度来看,幸福不光是对身份、荣誉、财富、健康、教育、环境等因素的个人心理感受,不光是经济成就或社会福祉,幸福跟政治制度密切相关,"幸福感"受着政治制度、政治改革的深刻影响。

我们可以从四个方面理解幸福政治学：其一，追求幸福是社会主义的基本价值；其二，为最大多数的人谋最大的幸福，是执政党的最高宗旨；其三，让人民生活得更加幸福是中国现代化发展的最终目标；其四，实现公民的幸福是落实科学发展观最重要的任务和义不容辞的责任。

幸福政治学要求经济建设、政治建设、文化建设、生态建设的均衡发展，要求物质文明、精神文明、政治文明、生态文明的协调和谐，要求自由、平等、效率、公平、公正等价值的实现，最终落实到政府的"善治善理"，政府要认识到幸福是经济社会发展的根本目标，要为人民群众的幸福生活提供条件和保障，提升人民群众的幸福感。

现在，大家都在争先恐后地"谋幸福"，北京提出"让人民过上幸福美好的生活"，重庆要成为"居民幸福感最强的地区之一"，广东要"把保障和改善民生作为建设幸福广东的出发点和落脚点"，到处可以看到"幸福省"、"幸福市"、"幸福县"、"幸福区"、"幸福街""幸福村"，"幸福"成了政府的施政导向。

不光有施政导向,政府还要"善治"。在现代政治哲学中,"善治"不是"统治",不是"领导",不是"治理",不是传统意义上对权力和权术的追逐。"善治"的政府,是人民群众实现幸福的工具,要为人民的幸福生活创造、提供必需的基本条件。

"善治"的政府,要管好人民群众的就业、教育、安全、环境、医疗、文化、消费等经济生活、社会生活大计,用廉洁、透明、法治、稳定、公平、公正、参与等一系列的制度、机制和办法,保障改善民生,履行对人民幸福生活的承诺。

"善治"的政府,必须善于协调国家和人民群众间的关系,使国家与人民群众处于最佳合作状态,使国家、社会、人与自然处于最佳和谐状态;必须善于缓解经济社会发展中的矛盾、冲突及其所产生的负面效应,推动科学发展,实现社会公共利益最大化和人民幸福最大化。

政府要加强责任意识,把实现人民群众的幸福、全社会的幸福作为自己义不容辞的责任。一是要树立新的发展理念,发展是为了人民的幸福,不是为了GDP,更不是为了自己的政绩。二是要确立新的目标,政府的最大的追求,就是"增进人民福祉,提高幸福指数"。三是抓好"第一要务",保证经济发展。"贫穷不是社会主义",没有经济发展,"幸福"就没有条件,就谈不上幸福。四是搞好社会建设,特别要改善公共服务,加强民主政治建设,扩大参与度。

## 基尼系数

是20世纪初意大利经济学家基尼,根据劳伦茨曲线所定义的判断收入分配公平程度的指标。基尼系数由于给出了反映居民之间贫富差异程度的数量界线,可以较客观、直观地反映和监测居民之间的贫富差距,预报、预警和防止居民之间出现贫富两极分化。这个指数在0~1之间,数值越低,表明财富在社会成员之间的分配越均匀。通常把0.4作为收入分配差距的"警戒线",一般发达国家的基尼系数在0.24到0.36之间,美国偏高,为0.4。中国大陆基尼系数2010年超过0.5,已跨入收入差距悬殊行列,财富分配非常不均。

# 幸福在哪里

我们为什么不幸福
幸福六法门
幸福终点站

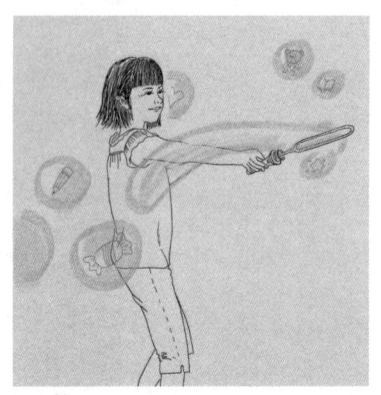

# 我们为什么不幸福

如今，国家越来越强了，老百姓越来越富了，但快乐感不高，幸福不同步。幸福在哪里？幸福所在之处，应该是经济发展，社会公平，机会均等，风气良好，法律公正，福利优越，文化繁荣，教育发达。但这样的幸福，离我们还有一段距离。

### 李江涛：

对幸福的问题，一方面我们要解决基本的生活需求，另一方面是要解决心理的问题。不久前广东省请了广东社会科学院搞关于南沙定位的研究，当时我也参加了，在饭桌上汪洋书记说幸福的问题，讲到跨越式发展，说大家干得很累，没有享受生活，他说知足常乐也很重要。意思是说，不能是有命赚钱，没命花钱，你前进的时候还要停下来喘喘气，享受一下生活。另外,你追求的目标不能是无限的,要有阶段性目标,另外还要享受这个成果。幸福的问题牵涉的方面是非常宽泛的,也是非常多元的,我们研究的时候既要有基本的东西,还要有一些理论概念上的东西。还有一些是目前现实中反映出来的东西,针对这些东西来切入,进行思考、研究。这样的话,就可以回应为什么幸福出了问题。大家的收入越来越高,经济发展越来越快,幸福感却不断下降,很多人不满,很多人心里有气。用郑永年的话说就是中国社会出现了一种莫名其妙的恨。

现在社会上普遍有仇官、仇富情绪。这种心态是怎么来的?联系到现在的很多事情,很多东西是我们在自毁长城。比如说我们讲依法治国讲了这么多年,第一次是1994年提出依法治国的理念,现在我们又有一个《信访条例》,还有信访办、维稳办。政法委下面有四个办公室:610办、维稳办、出租屋和流动人口管理办、综治办,还有一个属于党委管的信访办,信访办就是受理信访件,维稳办、综治办就是负责那些跑到北京上访的人,不惜代价把这些人弄回来。我让他们做了一个研究,广州市多次重复上访的人有四百多户,我们对他们逐一进行访谈,就是想搞清楚是怎么回事。有很多是一开始有不满,然后去上访,上访以后没解决,然后告到法院,法院终审判决以后,还不服,又去上访。一开始走信访就是领导批条子,批条子不满意,就走司法途径,然后还不满意,回过头来又找领导批条子。就是说司法途径都兜不住,最后还是要找领导,最后肯定找到总书记,才能最后拍板,如果总书记都把你否定了,说你这个东西就是没理的,不给你办,他恐怕不会到联合国上访。

我提出这些问题供大家考虑,像这样的事情,如果要深入研究下去,需要做的工作还是很多的,有很多东西还是需要再探讨、研究的。首先要研究痛苦的原因。现在很多人都有抑郁症,有一位学院的院长在跳楼之前不久,我还跟他通过电话,他说他在医院住院,那时候就睡不着觉了,过了一两个星期就传来消息,他从29楼跳下去了。

我觉得提出这个问题的意义还在于一个方面,刚才万教授也说到这个问题,实际上是公民权的概念重新提出来。宪法里规定的公民的权利,很多情况下是写在纸上的,在我们现在的制度体系中是得不到贯彻落实的,有很多东西是被侵犯的,而且没有司法救济,没有制度上的纠正。比如说我们抓到了一个小偷，就把他往死里打，像这种事情，大家都认为有道德上的正当性，但这是侵犯人权的。再比如说有一些依法被剥夺自由的刑事犯，当他被剥夺自由，他的部分公民权被限制的时候，他的其他的公民权没有被剥夺，但是传统做法中也一并剥夺了，比如说他的通信自由，还有他的财产权等等。现在人大去视察监狱，发现监狱的规定都很奇怪，服刑的人员只能吃监狱的伙食，自己有钱也不能加菜，他的消费权怎么也被剥夺了？他本应只是被限制了自由。

**万俊人：**

你的话使我想到一个问题，现在很多人追求特权。但我相信，"幸福广东"的概念应该是面向全体民众的，它应该是对中央提出的"以人为本"的民生战略的具体化。因此，"幸福广东"首先应该是"幸福民生"！这一点必须首先明确！否则，再新的社会理念或观念也不会得到广大人民群众的认同、接受和追随，也将失去深厚而广阔的社会群众基础，最终游离在我们真实的生活世界之外。

我们讨论一下江涛先生提出的这个问题的确很重要，很有现实针对性。你说现在很多人追求"特殊性"，情况确乎如此，值得认真反省。在京城，影星、明星的私车挂着军车、警车、甚至是国安部的车牌号，随意闯红灯，占公交道，就是我们这个社会的少数人追求私自"特殊性"的典型案例。他们为什么拥有那么多的特权？谁授予的？谁有权授予？我在美国学的开车，很守规矩。回国后发现，你如果讲规矩而别人不讲规矩，开车就很痛苦，有时候也会不知不觉地"跟风"犯规，比如，见前面有军牌车或警牌车占用公交道，自己也跟着走，当然也就免不了挨罚。

我们的社会的确有一些特殊阶层，但他们的特殊不是体现在权利上，而恰恰是体现在他们所承担的公共责任上，因而他们过去在民众心里的公共形象都是很正面的。比如说，解放上海时上海市民对解放军的印象，不仅完全是正面的，而且是让上海公众感动的。当上海市民清早起来看到在马路上淋着雨水睡觉的解放军时，他们不仅折服，而且肃然起敬。解放军宁肯冒雨睡在马路上，也不去敲居民的门，不打搅民众的安宁，这样的军队他们从未见过，因此，他们就因为这一真实的事实示范而认同了我们的军队是真正的人民子弟兵，值得爱戴。可是看看我们现在的某些人和事，和尚不像和尚，军人不像军人，干部不像干部，领导不像领导，如此一来，你怎么能够指望群众再像过去的群众（比如之前的上海市民或延安百姓）呢？

当下的中国社会非常需要一些先进的示范群体和道德英雄。有词云："沧海横流，方显出英雄本色！"当代的中国社会当可追问："沧海桑田，问英雄翘楚何在？"这些年，因为研究政治哲学的缘故，我开始关注社会公共化及其公共人物的言行示范效应的问题。随着社会现代化进程的加速和深入，社会的公共化进程也在加快，因而对社会公共秩序和公共规范（包括法制秩序和公共道德规范）的需求急剧上升而紧迫。

但另一方面，我发现，我们并没有真正理解这种社会公共化的秩序建构和规范意义，似乎越来越依赖于外在的社会规范的制定和宣传，却忽视了我们原有的社会价值资源，忽视了"制度"、"法制"、"规范"背后的主体元素及其内在作用，忽视了"制度之中"和"制度之外"的人的因素！我们一定要记住：无论是多么健全合理的制度、规范和秩序建构，在根本上都是"人为的产物"，都依赖于人自身的作为、选择和自主行动。

好的制度规范是汇聚民众的智慧和管理者的卓越才能制定出来的，同理，再好的制度规范也只有当它们获得社会民众的高度认可、接受并付诸实践行动时，才是真正好的制度规范。在这一过程中，公共人物（包括公共管理者、各界领袖和公共群体或公共明星）的优异的公共示范，又具有不可替代的典型示范作用。所谓"村看村，户看户，群众看干部"的俗语，说的正是这个道理。我经常列举的例子是，一个交警闯红灯和一个普通司机闯红灯的概念与效应是很不一样的。普通司机闯红灯意味着他违反了交通规则，而交警闯红灯则不仅意味着犯规，而且意味着交通法规本身的失效。

某人以某种理由例外于规则（系统），则所有人都可以以某种理由获得这种例外特权，规则（系统）就会变得无效。如果制定规则（系统）并负责监督该规则（系统）实施的人或群体带头违反该规则（系统），则意味着该规则（系统）本身的片面、无义（不公）、无效甚至是虚假！这是现代公共社会需要严肃对待的重要问题，尤其是那些公共人物和群体——以领袖们为最，需要特别严肃对待的关键性问题！孔子云："子率以正，孰敢不正？"老百姓说：

"一颗老鼠屎,弄坏一锅汤。"讲的是同一个道理,只是讲的角度不同,前者是从积极的角度来讲的,后者是从消极的角度来讲的。看来,如此道理,圣人与百姓同,无可置疑!

## 陈实:

现在国家越来越强了,老百姓越来越富了,但快乐感不高,幸福不同步,这是我们社会普遍存在的现象。

那么,幸福在哪里?

幸福在老百姓的生活水平、生活质量上,在人们的物质需求、财富的创造上,在和谐稳定的社会环境中,在"从摇篮到坟墓"的福利保障体制里。幸福所在之处,应该是经济发展,社会公平,机会均等,风气良好,法律公正,福利优越,文化繁荣,教育发达。但这样的幸福,离我们还有一段距离。

具体到现实生活,老百姓的生活,真正距离我们最近的幸福,一是在共产党的理念里,二是在善政善治的政府身上。

所谓共产党的理念,就是共产党在想什么。共产党想什么,就会带着我们干什么。共产党想"革命",咱们就"枪杆子里面出政权";共产党想"阶级斗争",咱们就"反右"、"反修"、"文化大革命";共产党想"四个现代化",咱们就"改革开放",就"经济建设中心";共产党现在开始想"幸福"的事情了,她就会推动经济发展,加强民生建设,维护公平公正,保障人民利益,就会真正做到"权为民所用,利为民所谋,情为民所系",就会带着我们往"小康社会"、"和谐社会"、"幸福社会"的路上奔。

我们现在的社会建设、社会治理,无非是两大方面,一个是"政府",一个是"人民"。社会管理、社会治理的最大目的,就是政府与人民的合作、和谐,政府与人民相位相育、相方相苞。所谓善政善治,就是政府要以民生为本,以民富为先,以民享为重,以民心为基,建立起"善政"体系;政府要以更高的行政效率更低的行政成本,提供更好的公共服务,从选举、决策、管理到监督,行政管理体制、政治体制、社会体制、文化体制的改革,"干什么"、"干不干"、"怎么干",都让老百姓有发言权,"干得好不好"由老百姓来评价。

这样,政府讲民主,讲法治;老百姓讲秩序、讲参与；全社会讲活力，讲道义，指挥棒交到老百姓手里，发展成果揣到老百姓口袋里，处处环境优美，家家生活丰裕，人人身体健康，天天心情舒畅，幸福就会走进老百姓的心坎里。

## 不丹模式

国民幸福总值（GNH）最早由不丹国王旺楚克在1970年提出，当时并不引人注目，然而20多年的实践已经引起全世界瞩目，世界上不少著名的经济学家把目光投向这个南亚小国，开始认真研究"不丹模式"。美国的世界价值研究机构开始了"幸福指数"研究，英国则创设了"国民发展指数"（MDP），考虑了社会、环境成本和自然资本。日本也开始采用另一种形式的国民幸福总值(GNC)，更强调了文化方面的因素。获2002年诺贝尔经济学奖的美国心理学教授卡尔曼和经济学家正联手致力于"国民幸福总值"的研究。

# 幸福六法门

民生、民主和民富问题已然成为当代中国社会发展的共同主题，我们的社会发展正开始从延续了百余年之久的"强国富民"路径，转向"民富国强"的发展路径。"幸福"已经不仅是广东的地方性关键词，而且也正在成为当代中国社会的普遍性关键词。实现幸福的关键是要把人民的价值诉求、把主流社会的价值诉求放在优先地位。

## 1. 公平与效率

**丁力：**

我认为中国真正的经济社会转型有两次，一次是改革开放初期从计划经济向市场经济的转型，这次转型是从1978年开始的。中国这30年实现了经济的较快增长，主要是靠工业化初期的粗放式发展模式，这种模式具有低成本的比较优势，后来在朱镕基那届政府的努力下，中国积极加入了WTO（世界贸易组织），实现了通过国外的需求拉动本国经济的发展。但是这种经济增长和我们所讲的第一次转型还不是一个完全——对应的关系。现在恰恰不是转型结束，而是第二次转型开始。国外有一种说法，说中国共产党搞了社会主义的1.0版，这就是计划经济；社会主义的2.0版就是改革开放三十年我们所做的；现在要搞社会主义的3.0版。我理解，3.0的版本应该是对1.0、2.0版的进一步发展。1.0版主要是强调公平，但是牺牲了效率；2.0版注重效率，但是忽视了公平；今天3.0版的目标是效率和公平要统一。理论上就是让全社会既有丰富的财富创造，又能实现全社会丰富的财富共享，这是人类长期的梦想。我个人认为，社会主义市场经济体系的建立是可以帮助我们实现这个梦想的。

我跟着省里有关领导出国考察，专门琢磨了这个事情，现在全世界有三种模式解决效率与公平统一的问题：第一种是苏联模式，只要公平不要效率；第二种是香港模式，追求效率兼顾公平，所以现在香港的公平问题相当突出；第三种是北欧模式，北欧模式尤其是以瑞典模式为代表，它是通过牺牲部分效率换回社会公平。这种模式理论上是走不通的，特别是在这次的国际金融危机中，北欧模式没有经受住考验。但是并非北欧所有国家都是统一模式，其中有一个国家的模式是值得我们学习的，那就是"挪威模式"。挪威模式基本上实现了不牺牲效率换回公平。它的做法实际上很简单，挪威把在北海发现的丰富的石油资源全部国有，所有赚来的钱，由国家成立主权基金，该基金不允许任何人和政府染指，法律规定只能用以解决六百万挪威人从摇篮到坟墓的社会福利保障。这样的话，石油有多少，挖出来卖了多少钱，和它原来经济体的效率没有任何关系。而我们没有石油，但我们有一个很重要的东西，那就是土地资源。

据我了解，在市场经济国家，真正土地公有的只有中国，但是现在很遗憾，由于各种既得利益的干扰，土地私有化的倾向越来越明显。很多本来属于全民所有的利益，实际上都已经被少数人拿走了。改革面临着这样的严峻挑战，我们怎么办？

上述问题对每个国家而言都是绕不过去的坎。怎么解决？广东有没有能力率先解决？汪书记已经是比较有魄力的领导了，最近把全省的地方财政可用的部分增加了10%统筹到省政府，从地方政府

"老板"的口袋里拿到省委、省政府的口袋里，主要用于解决社会公平的问题，但是这个力度还是很有限的。

## 万俊人：

我比你乐观一些，比如说，党内民主、党内的差额投票还是有效的，有的人没上去，他就是上不去，你不可能冒天下之大不韪，他只得了三分之一的票，还硬把他弄上去？很可能我是过于书生气了。汪书记提出的"幸福广东"，确实是基于广东的事实，经过研究思考得出的一个严肃而重大的社会思想命题，可以说是一种广东经验的高度提炼。但是在我看来，它不仅仅是广东经验，而且它对今天的中国具有普遍意义。我认为应该在当今的中国社会发展的总体语境中，来考虑"幸福广东"这四个字，这样考虑的话，它的意义就更大了。

我会举几个理由支撑我的判断：第一，我们的社会已经到了人民要说话的时候，人民已经不满了。第二，社会的高层也对社会底层民众的吁求及其深远影响有了比较充分的意识，并已经开始着手解决当代社会的突出问题了。比如，广东省委、省政府率先在省人民代表大会上提出"幸福广东"的理念，并将之与社会的产业转型升级直接联系起来。还有，从全国范围来看，东部援助西部、对口援（西）藏、对口援（新）疆等重大战略性举措，不仅以更具体、更直接的物质援建方式延续了20世纪90年代中央政府以财政转移支付为主要形式的援助西部发展的战略，而且也呈现出更大的力度，更急迫而严肃的政治组织和政治动员力度。第三，不仅是公共社会思想界，而且是学术、理论界均开始对人民幸福生活展开深入探究。

总体来说，民生、民主和民富问题已然成为当代中国社会发展的共同主题，我们的社会发展正开始从延续了百余年之久的"强国富民"路径，转向"民富国强"的发展路径。所以，"幸福"已经不仅是广东的地方性关键词，而且也正成为当代中国社会的普遍性关键词。如此，以后到底是用"幸福中国"，还是用"幸福北京"，或者"幸福广东"，已经不是最重要的了，关键是要把人民的价值诉求、把主流社会的价值诉求放在优先地位，这是毫无疑问的。

1991年我在《求是》杂志发表过一篇文章，当时我就含蓄地质疑了"效益优先"的提法。在一个会上我也提出过,"效益优先,兼顾公平"是西方的发展模式,并不是很适合社会主义的社会理想,因为社会主义区别于资本主义的首要价值诉求,就是平等优先。借用罗尔斯先生的表述逻辑,我们可以说,平等或者确切一些说"公平正义"是社会主义制度的首要价值。但是,当你讲(经济)效益优先的时候,社会公平已经不可能兼顾了,或者说,即使顾及到了也不可能那么充分。

我在梅州的演讲比较理论化一些,因为都是干部听讲,李嘉书记跟我说,现在的干部都是本科以上,我跟他们说,我今天不是把你们看作是普通市民,而是看作具有相当执政经验和社会经验积累的社会管理者,我要跟你们做一些实质性重大社会问题的理论探讨。我们可以从亚当·斯密开始。斯密先生用"无形之手"打开了社会经济发展的市场之锁,后来又出现了功利主义,它不是纯粹的经济学术,还包含了很多的政治伦理考量。比如,功利主义已经注意到了"最大多数人的最大幸福"问题,这是一种全局性的社会价值关切。但是,功利主义最大的毛病仍然还是只关注做大蛋糕,不注意如何分配蛋糕，这样，即使蛋糕做得再大，如果分配不均，也不能保证社会的每个人都能吃饱吃好。所以说，功利主义还是太简单化了，它只是想，一旦社会财富总量增加到足够大，人民都可以过上幸福生活。好像是锅里有了碗里必然就有，殊不知，即便是锅里满满且足够大家吃饱，但如果分饭不公，仍然可能出现一些人吃得呕吐撑死，而另一些人只能吃个半饱，甚至吃不到米饭的结局。

我前面提到过，按照我们国家将近三万亿的国际借贷和三十多万亿元的国民储蓄，每个人就应该有好几万元了，大家的生活都应该很幸福，但是事实并不是这样的。国民财富的总量的确是国民幸福生活的可能性条件和必要条件，但还不能看作是全体国民幸福生活的充分必要条件，只有当社会按照公平正义的原则来分配社会财富，使全体国民能够公平地分享社会财富时，全体国民的幸福生活才是可以真实期待的。当然，社会的公平正义绝不等于过去的平均主义！而只能是基于正当合理的社会分配机制所进行的相对公平的分配。否则，我们就无法保证"锅里有"，更不能保证"锅里满满"。

罗尔斯的《正义论》，讨论的就是要建立一个足以替代功利主义的社会正义论模式，它的价值基础是普遍理性主义的社会道义论，但理性主义的诉求已然包含了一个前提：社会的公平正义并非是对社会经济效率的否定，而是对已然解决社会价值生产效率之后，社会价值的公平分配之普遍道义基础和原则的探讨与证明。功利主义只讲社会价值生产和社会总体效率问题，没有讲到生活在这个自由、民主国家里的每个公民怎么样实现个体权利与义务的公平分配和分担的问题。正义不仅是你的愿望，也是我的愿望，还是山村农民和小孩的愿望。所以《正义论》开篇第一句话就说："正义是社会制度的第一美德，正像真理是思想的第一美德一样。"在西方语境中，所谓"美德"，就是指是最完美、最杰出的成就，是一种价值判断。比如说，你作为教师，你最好的美德就是培养出优秀的学生。你作为学生，你的美德就是成为优秀的学生。由此推理：社会制度（体系）的美德就在于它的安排和实施能够实现普遍的社会公平正义。温家宝总理在2010年的"两会"答记者问时，完完整整地把这句话背诵出来，足见我们的政府和中央领导多么关注我们社会的公正问题。

## 2. 秩序与福利

**万俊人：**

如果把幸福的问题不看作个人的问题，而看作是社会发展的问题的话，值得探讨的问题就更多了，也更加复杂了。从社会的角度来说，"幸福"的含义要丰富复杂得多。我觉得郑先生谈得特别好，"幸福广东"或者是我主张的"人民幸福"，要能让老百姓感到很亲近，让老百姓高度认同，非如此不足以成为我们社会普遍关注的社会主题。用学术的语言来说，就是如何使幸福问题社会主题化，关键在人民群众的接受、理解和认同。中央也提出了一个"道"的问题，只是还需要做进一步的系统阐发。比如说，"以人为本"、"和谐社会"、"科学发展观"，都是极具社会政治伦理意味的根本性理念和命题。"以人为本"在老百姓当中还是比较认同的，但是学界对此似乎还有一些分歧。"人民幸福"可能是把"以人为本"、"科学发展观"、"和谐社会"所欲表达的社会政治—伦理意图更具体生动地集中表达出来了。"幸福"是个再普通不过的概念。讲人民幸福，其实就是我们自己幸福，有关我们自己的切身利益，所以我觉得这个概念很好。

这次我在梅州的演讲主要谈了两个问题：一个是秩序，另一个是福利。这是人民体验和检验社会生活是不是幸福的两个基本方面。无论是契约论还是马克思主义，都研究社会问题。政治哲学中有一个基本的命题：人类为什么要建立社会。哲学总要究其根本。人类为什么要以社会的方式生活呢？根本的问题就是社会能满足所有社会成员的两个基本目的：一个是安宁或秩序、和平，另一个是福利或幸福。以社会的方式生活的观念很可能起源于人类祖先的早期生存经验。比如说，先民们最早的时候打猎，一两个人可能只能打到一只兔子，面对一只猛虎则可能要采用围猎的办法，因为采用围猎的方式，才可能获得比单个人打猎更大的利益。这是人类祖先基于其原始生活的经验教训逐渐形成的。围猎可以被看作是人类原始社会的雏形。

人类选择以社会组织的方式生活首先缘于人类对自我生存的安宁需求，人的生存始终面临着巨大的自然环境挑战和各种各样的风险，需要有一种和平、稳定、安全、和谐的生活环境和生活秩序。如果不组建社会，每一个人就像单个的刺猬，很难熬过冬天的严寒和其他物类的挑战。刺猬和刺猬需要在一起相互取暖，但是又不能靠得太近。组成社会是一个既能相互取暖抗击严寒，又能避免相互伤害的组织管理艺术。个人间的利益追逐，必然会产生利益冲突，解决不好，必定会伤害人。

社会的另外一个目标就是通过社会获取更大的福利。有社会才能有社会分工，有社会分工才能有社会合作、社会交易和经济交易，才可能创造出更高的经济效益和社会效益。社会分工本身是合乎道德的，因为它让每个人做自己最适合做的事，因而社会分工可以发挥每一个人的特长，行动的效果是最好的。任何个人，无论他或者她多么聪明、睿智、能干和强大，都不可能生产出自身生活所必需的全部产品，这就需要人们之间的分工合作和相互交易。分工提升了生产的效益。

市场经济除了有效率或讲究"经济理性"之外，还有一个优势就是可以使得市场交易大为扩展，更加充分。而按照交易理论，商品交易的范围越广，交易的效益就越高。一种产品或商品只限于附近销售，甚至是自产自销，价格会比较低廉。但如果远销他国，越洋过海，市场销售的价格会高很多，产品的商品化程度和市场利润都会随之高涨，交易自然就会获得更高的利润。这就是所谓交易的效率。

人类组成社会的第二个目标即是福利。人们组织社会是为了获得更高更好的生活福利或利益。一个社会到底好不好，第一是看社会秩序好不好，第二是看社会福利是不是较高，个人在这个社会中生活能不能使他或者她的生活有更好的改善和提高。一个只有秩序和平而社会福利低下的社会是不值得追求的，正如一个只有福利却缺乏安宁秩序的社会同样不值得追求一样。

现在我们谈"幸福广东"或者"人民幸福"，实际综合了这两个基本的目标。我认为，幸福是一种生活状态，是一种主观感受，这个感受当然包括人们对社会环境和自然生态环境的切身感受，比如说，社会是否安全有序，环境是否适宜、清洁、绿色，生活风险和成本是否较低，等等。我如果一出门就被偷、被抢，我还愿意生活在这个城市里吗？这个城市的秩序非常好，夜不闭户、路不拾遗，那当然好。但仅有这一点是不够的。

秩序和良序有自发自觉形成的，也有依靠社会强制管理造成的。而且，秩序和和平只是幸福的一个方面。幸福的另外一个方面就是福利。尤其是在现代社会，人们把财富的享用、占有、应用看作是一个人幸福不幸福的重要标志。姑且暂时不谈这种评价是否科学正确，但基本物质生活条件的改善和生活资源的充分供应总是以社会财富资源的积累为经济基础的，因而不能简单漠视。

现代商业社会有一个简化的评估标准，那就是用钱的多寡作为衡量人们物质生活贫富程度的一般价值尺度。因为钱已然成了现代商业社会的一般价值等价物，已经被广泛作为商业社会最最核心的价值符号。因此，福利也是幸福的必要条件，在社会发展尚未进入富裕阶段的时候，福利甚至是幸福生活最基本的前提条件。当然，安宁与福利还只是幸福的必要条件，而非充要条件。人的幸福生活意味着许多物质生活以外的元素，比如，文化和文化传统、心理和精神价值、信念和信仰等等。

### 3. 分享与进步

陈实：

我们选了6个词来诠释"幸福"，一是公平，二是效率，三是秩序，四是福利，五是分享，六是进步。

公平就是公正、合理、平等、平均,就是权利平等,分配合理,司法公正,机会均等,就是经济、政治、社会生活中的机会公平、过程公平和结果分配公平,就是社会正义、政治正义和法律正义。公平正义是经济社会发展、改革的根本目的,温总理说过,公平正义比太阳还要有光辉。

效率的本义是"以正确的方式做事",我们通常讲的效率是指社会经济效率,关键是资源配置的效率,就是指最有效地使用生产效率和社会资源来满足人民群众的愿望和需要。

"效率与公平"是各种社会矛盾的集中体现,像"哥德巴赫猜想"一样,是困扰历代思想家的难题,也是他们不断论争的重大理论主题。是"为了效率,牺牲公平"?还是"为了公平,放弃效率"?应该有怎样的制度安排?这是我们谈"幸福"时必然遭遇的两难选择。

秩序的意思是条理、规则、有序、安宁、和平,就是条理性地组织、安排社会各种序次、序列、序数,形成规范化的工序、顺序、程序,达到社会各部分的良好状态和正常运转。秩序与混乱、无序对立，民主和自由是形成秩序的起点和过程规则。

福与"灾"、"祸"相对，利与"害"、"弊"相对，福利就是幸福和利益。万教授认为，一个社会到底好不好，第一看社会秩序好不好，第二看社会福利高不高。福利是幸福的必要条件，是幸福生活最基本的前提条件。"幸福广东"、"人民幸福"，实际综合了这两个基本条件。

分享与进步，万教授在前面有详细的论述，我这里再稍稍强调一下：

分享是一种态度，分享就是与他人共同享受。幸福不能独享，烦恼不能独担，所以要"分享幸福，分担烦恼"。有首歌这样唱：分享太阳，你灿烂辉煌；分享月色，你妩媚漂亮；分享大海，你无比宽广；分享蓝天，你至高无上。这首歌好，唱出了"分享"的本质——分享就是幸福，分享可以使人辉煌、漂亮、宽广、至高无上；分享可以增大幸福，减小痛苦；分享与奉献一起，多一份奉献，就多一份分享。

进步包括两层含义，一个是，我们的幸福来自时代的进步、国家的进步、社会的进步；另一个是，我们的幸福也来自个体的进步，生命的进步。这两种进步，都要求我们对生活的创造和创新。

## 挪威模式

在联合国公布的人类发展指数（HDI）的排名榜上，挪威经常名列第一，是全世界参与排名的182个国家中生活质量最好的。经过金融海啸的考验，挪威思路显示了它的优越面。美国模式鼓励负债消费来刺激经济，挪威正好相反，有钱也不肆意消费，而是把钱用于理性的投资。挪威主权基金的钱主要来自石油收入，它给自己制定了严格的、理性的投资和消费计划。基金主要用作有利于未来发展的投资，每年只允许动用基金总额的4%来作政府支出的消费。除了在消费和投资方面不同，挪威模式在另外两个方面也表现出与美国模式的差异。其一是挪威的国有企业在经济中占的比例；其二是挪威对社会发展、社会公正所持有的价值观。

什么是幸福

SHENMESHI XINGFU

# 幸福终点站

幸福是一个主观性极强的价值概念，因而人们的幸福感不单取决于人的物质生活条件或状况的好坏，而且在其物质生活条件或状况达到较为满意的程度之后，很大程度上便开始越来越多地取决于他（她）的精神心理需求和文化需求，甚至是他（她）的信仰或终极的生活理想。

## 冯胜平：

我们通过一系列的调查研究发现，全世界幸福指数最高的地区位次是：第一，宗教色彩浓郁的地区；第二，历史人文底蕴最深厚的地区；第三，全球各地的自由港或自由岛地区；第四，经济社会均衡发展的地区。似乎有共通性，放在一个国家内部观察也是如此。不论宗教也好，历史人文底蕴深厚也好，或者是自由港，它们的共性就是精神第一、价值观第一。我理解它的核心内容就是爱和自由，换句话说，爱和自由，构成了这些地区幸福感强的核心要素。这样，就使得我们必须审思，一个幸福社会的要素，既要重视物质财富的拥有同时也要重视精神财富的拥有。

国内国外的名家大师，我们的老祖宗都在说，"这个世界上最高贵的、最大的真理就是爱和自由"，"爱和自由是人类发展与追求的唯一准则"。为什么我们那么努力，幸福却依然可望而不可即，爱和自由却越来越远呢？但是我们需要问自己的是，我们明白什么是幸福吗？明白什么是爱和自由吗？我们真的有认真去想去悟吗？

什么是爱？爱，我们知道，首先是一种感觉，一种细微的情感，一种心的投向和归属，那投向中有一种安全感、自由感、轻松感和幸福感，一种完整的、被解救的感觉；爱，其次是一种给予的幸福，因为你曾感受过爱，知道被爱的感觉；然后，爱是一种巨大的宽容和理解，爱是占有吗？不是，爱是自己的也是别人的，因为只有相互才有爱和被爱，才有宽容和理解，我们有懂吗？我们能得到吗？只要我们细细去品味、去参悟，我们就会发现，爱在人与人之间是如此、在人与社会之间是如此、在人与国家与民族之间还是如此，当然人与自然也不例外，国与国之间、民族与民族之间也不例外。我们仔细去研究哪一个真正懂得爱的人和组织会去占有爱呢？会去毁坏财富？会去破坏环境？会去发动战争？会去破坏幸福……我们在座的专家学者都知道日本有个科学家叫江本胜，他做了一个闻名全球的水实验，最后的结论是"水是有感知的"，美是能识别的，凡是爱、美、好的东西。结晶的水纹就特别好看特别有秩序，水是如此，大自然的一草一木、飞禽走兽呢？我们人呢？其实我们的老祖宗很早就发现了这一点，他们把这个世界叫"有情世界"，把一切生物叫"有情众生"，甚至直呼"有情"，这就是"爱"，这就是"爱的世界"，就是"爱的社会"。

那自由呢？全世界的人都在研究和追求，只有我们中国老百姓研究得最少，但自由无处不在。中国传统的儒释道，犹其是释、道文化贯穿其中的核心要素就是自由。我们知道自由是指自由意识和自由行为，自由意识就是自由思想，历史上是每一个士大夫的梦想；自由行为是指自由言行和自由体行，自由言行就是自由语言和自由文言，即说话和表达，而自由体行就是获得自由的身体力行。我们只是喊着要自由，我们弄懂了自由吗？没有，我要说的自由主要是心灵的自由，我们人的正常发展和性格的建构就必须有心灵的自由，因为有了它，我们才是自己的主人，才会选择自己感兴趣的东西；因为有兴趣，我们才会认真、反复地去做，才会变得专注，而只有专注，才能做得好，才能有发展和创造。

所以，我认为，幸福的终点或者本质就是爱与自由。为什么这么说呢？因为这两者，是从人类诞生以来就存在的共同经验，或者说是欲望。没有爱，人类无法生存和延续；没有自由，人类无法进步和发展。也就是说，爱和自由是人类由古至今的积淀和遗传，对于个人来说，是与生俱来的，是超越所有文化和意识的基底。用荣格的心理学理论来说，属于集体潜意识。

其实爱和自由一直就存在于我们的大脑之中，通常我们意识不到它，但是在一定的条件下就能被唤起和激活。而且，它的力量是非常巨大的。我们现在之所以感觉不幸福，正是因为我们的思想和行为，已经背离了，或者说无法满足集体潜意识中的爱与自由的需求。所以，我们才会在追求金钱、物质的同时，感觉到某种情感和价值的缺失；才会在放纵、发泄身体欲望的同时，会感觉到有种莫名的罪恶和阴暗，才会在人生的道路上越走越迷失，越走越彷徨。

因此，我们要寻找幸福，必须弄懂什么是爱，什么是自由，并学会如何去激发和满足爱和自由的欲望。例如父母、老师如何给孩子爱和自由，单位领导如何给员工爱和自由，社会管理者如何给社会爱和自由，而我们自己如何给别人爱和自由，如何给自己爱和自由，只有这样，我们才会快乐，才会幸福。

## 万俊人：

我同意冯先生对幸福的精神价值的强调，是否精神要素第一？我不敢妄断，但精神要素肯定是人的幸福生活中极为重要的因素，这一点是确定无疑的。事实上，我们已经不止一次地发现一种看似奇怪的现象：某些经济较为发达的地区的幸福指数反而不如那些经济欠发达地区的幸福指数高；某些较为富有的人或人群的幸福指数反而低于那些相对不够富有的人或人群的幸福指数。这种看似奇怪的现象还不只是个别的，多个不同的幸福指数评估机构——从广东省内的到全国性的，甚至是联合国有关权威机构——所公开的幸福指数排序，也让人们大跌眼镜，百思不得其解。例如，据说在联合国有关权威机构的幸福指数排序中，中国的幸福指数排在伊拉克之后，出乎意料的低。广东省政府机构的测评排序也有类似情形，据说经济较为发达的深圳市的幸福指数排在广东省所有地市的最后。

这是怎么回事？我在深圳的演讲，主题定为"幸福新政"。我的意图之一，就是想同深圳的朋友们一道揭开这个谜底。其实，这样的现象并不难理解：人生的幸福与经济生活条件的确直接相关，但两者并不是一种平行对应升降、相互攀援的关系，更不能在两者之间画等号！更重要的是，一旦人们的基本物质生活条件得到了较好的满足，其幸福感便对物质财富增长指数越来越不敏感，甚至离得越来越远了。

换句话说，人的基本物质生活条件一旦有了足够充分的保障，其幸福感便越来越依赖于那些非物质的或超物质的生活元素。西方学者把这一现象称之为"伊斯特林悖论"。伊斯特林是一位知名的经济学家，20世纪70年代，他根据自己的经年研究考察，得出了一个看似相互矛盾的结论：人们一旦拥有了足够的钱来满足其基本生活需求，更高更多的收入和财富未必能够增加其幸福感。

或许，伊斯特林的研究还有待进一步深入和检验。由于幸福是一个主观性极强的价值概念，因而人们的幸福感不单取决于人的物质生活条件或状况的好坏，而且在其物质生活条件达到较为满意的程度之后，便开始越来越多地取决于他或者她的精神心理需求和文化需求，甚至是他或者她的信仰或终极的生活理想。同时，随着人们生活水平的提高，他们对生活需求的水准也会提升，从而也会不断改变他们对幸福内涵的理解和价值评价标准。我在前面谈到的一位饥肠辘辘的人对馒头的感受与一位富豪对农家菜的感受，两者的内涵、标准和心理感受是迥然不同的。这是因为他们的生活状态截然不同（极穷与极富），生活条件截然不同（一无所有与拥有许多），生活目的截然不同（生存与享受），最终的结论当然是他们的幸福和幸福感也截然不同了。

由此可见，幸福不仅是一个主观性极强的概念，而且还是一个流动不居、与时俱进的生活感受和生活状态，这些都直接影响到生活主体（人）的生活态度、价值取向和取值、生活理想和生活实践。就此而论，所谓幸福指数的测评和排序并不能获得真正客观标准或统一标准的意义，尽管它们可以为我们了解不同的人、不同的社群和地区乃至不同民族和国家的实际生活状态和他们对生活的态度变化提供某些有意义的参考。

## 陈实：

前面我们讲了6个词——公平、效率、秩序、福利、分享、进步，加上幸福四要素中的"感受、状态、创造、分享"，再加上后边的"爱"与"自由"，一共是12个词。这12个词，构成了我们谈"幸福"的主要内容。什么是幸福？幸福在哪里？我们理解了这12个词，就会找到答案，找到解答的路径和办法。

## 伊斯特林悖论

　　伊斯特林悖论又叫伊斯特林反论、伊斯特林逆论,是由美国南加州大学经济学教授理查德·伊斯特林(R.Easterlin)在1974年提出,即通常在一个国家内,富人报告的平均幸福和快乐水平高于穷人,但如果进行跨国比较,穷国的幸福水平与富国几乎一样高。伊斯特林悖论另外又称为"幸福—收入之谜"或"幸福悖论"。现代经济学是构建于"财富增加将导致福利或幸福增加"这样一个核心命题之上的。然而,一个令人迷惑的重要问题是:为什么更多的财富并没有带来更大的幸福?而这就是"幸福—收入之谜"或"幸福悖论"的体现。

# 四

# 幸福究竟有多远

丈量幸福
幸福路线图
幸福齐步走

# 丈量幸福

分享幸福涉及我们如何评估或丈量幸福的客观价值标准及其社会应用的实践问题。对社会来说，如何让社会的成员和各个阶层共同分享社会发展的成果，这是一门社会的管理艺术，属于社会整体建设的范畴。具体到广东，广东有哪些优势条件？怎么评估社会的幸福指数？解答这些问题，首先还是得建立一个综合性较强的评价体系，明确一些基本的评价指标，建立一些基本的评价参数。

## 万俊人：

人们幸福感受的千差万别，实际上给我所确定的幸福四要素之一的"分享"造成巨大的解释麻烦和实践困难。具体地说，饿汉与富翁之间如何分享幸福？即便是他们有可能分享某些相同或相似的物质价值，比如，食品、美酒之类，是否就意味着他们同时也在分享同一种幸福？他们对分享同一种食品或美酒的感受是否真的是可分享的？所谓"有福同享，有苦同担"在何种条件或意义上才是可能的?

看来,如何分享幸福还值得我们进一步讨论,因为除了前面我所谈到的那些相关内容之外,它还涉及幸福的评价尺度问题,涉及我们如何评估或丈量幸福的客观价值标准及其社会应用的实践问题。对社会来说,如何让社会的成员和各个阶层共同分享社会发展的成果,这是一门社会的管理艺术,属于社会整体建设的范畴。

建设"幸福广东",建设"幸福中国",或者建设"人民幸福",具体到广东,广东有哪些优势条件?怎么评估社会的幸福指数?解答这些问题,首先还是得建立一个综合性较强的评价体系,明确一些基本的评价指标,建立一些基本的评价参数。秩序、福利、安宁、公平这类大价值概念所涵盖的内容太广了,太抽象,需要具体化。比如说,一个人生了病,要能得到及时的医治,某地的居民很可能把医疗条件作为居住环境的重要考量。而另一些地方的另一些人很可能选项不同。所以,指标体系或参数设计还是要尽可能地具体化一些,越具体周详越好。

最近,北京远郊的别墅突然降价,侯耀文的死使很多人不敢住得很远。住得安静,风景好,没有打搅，这些当然不错。但是发病之后急救车来不及施救，求救无门，容易造成重大的生命危险，其他的要素也就变得不那么重要了。还有，不同年龄层次的人的幸福感也是不一样的，类似的情况还包括民族生活习性差异、生活习惯差异（可以具体到饮食一类的日常生活要素）等等。

我认为，我们社会现在有足够的财富和资本做更多的事情。我们知道，"十二五"期间，国家对两个方面的投入有较大幅度的增加，一是军事，比如说造航母、隐形战斗机等；二是文化教育，文化是一个民族、一个国家的精神命脉和精神家园，需要高度且持久地重视，所谓国家的"文化软实力"建设不仅绝对必要，而且需要长时间的经营和培育。

同文化事业一样，教育事业也是国家民族的千秋大业，这些年来，我们在教育、医疗卫生等软性建设方面欠债太多，缺陷太多，这自然对人民的幸福生活产生了诸多消极的严重影响。我们的经济发展肯定好于印度，但我们的教育发展却远远落后于印度，大学生及以上层次的人才比例就不及印度。入托难，上学难，上好学校更难，上所谓名校难上加难，这种状况已经存在多年，久拖不决，为什么？家庭为孩子的上学问题所捆绑,父母因孩子的上学问题而揪心不断,这样的教育状况怎么能够让人们感到幸福?只要我们稍微观察一下城市中小学和幼儿园门口的接送人群和车辆,你就不难明白我们的教育状况对城市居民的生活拖累有多严重!看看农村大量的留守儿童、失学儿童以及那些比比皆是的破落校舍,你就明白我们的人民为什么有了钱财还会焦虑不安、幸福感还那么低的真实缘由。诸如此类,我们还可以举出许多具体项目或例子。

## 赵建华:

这一段时间编制"幸福指数",也有这方面的感悟,自己也有一些思考。怎么理解幸福,可能现在比较多的是从主观的角度讲的,我倒是觉得幸福应该是主客观结合。就幸福感来说,本身是主观的,但是它所感受的对象是客观的。主观感觉出来的东西就是客观的东西,所以不能够脱离客观来讲主观。如果说要增进幸福感,我觉得可以从客观、主观两个方面考虑。

分子是效用,包括物质和文化的,分母是欲望,或者是你的预期、你想得到什么。从这两条线出发,增大分子或者减小分母，都可以获得幸福感。我们现在提出建设"幸福广东"，我觉得主要是考虑增大分子，就是要生产更多的能够使我们感到幸福的物质和文化的产品，也包括政治方面的一些公共的产品。欲望过度也会导致不幸福，会很痛苦。我听到暨南大学的朱卫平跟我说过，他们有一个同学从农村很穷的地方过来，刚入住的时候，给他煮了一顿有肉的菜，他感到很幸福，可是过了两年他就跳楼自杀了。他因为越来越感觉到家里很穷，到城市之后觉得差距很大，他便感到痛苦了。所以主观也要有建设，就是让我们的预期或者欲望，能够和我们的能力相匹配。幸福的预期要建立在我们的能力上，不能脱离现实来建立它的预期，这样就很不幸福，或者说很痛苦。

我觉得重点还是在客观方面，所以我们的评价体系要有一套客观指标，反映那些可以用数量表达出来的基于统计的"幸福"，包括我们的收入水平、分配的公平程度、城乡的收入差距，也包括物价指数、住房、就业，同时还包括公共服务方面，教育、文化、医疗、健康以及公共交通，等等。也包括一些政治权利和社会安全方面的，食品安全、社会治安，这些都是安全问题。还有政治权利方面的内容，廉政和一些重大决策的听证，尽可能找一些能够用数量表达的指标出来；当然还包括自然环境方面的，空气质量、水的质量等。现在很难表现的就是在政治方面，政治方面有什么指标体现老百姓更幸福了？

## 万俊人：

赵先生所说的幸福分子式很有意味，如何做大分子、稳定分母，从而增加幸福指数，是一个极为负责的社会管理技术问题。据我所知，北京市的相关检测指标体系中，就有一项指标叫做政府政策公共实施的社会效应或者满意度。

## 赵建华：

我们还有一套评价体系是主观调查，调查的结果是满意度，分为满意、不满意等等，这是主观调查。有些事情用客观评价比较难评，例如：听证率、腐败案件的处理，包括治安方面都有类似的问题。搞了一个指标，导向不明，不知道怎么评价。所以在政治方面有这样的问题，很难通过统计表达。至于精神方面就更难统计了，"你是不是很孤独"，这样的问题是不能统计的。所以这一类的问题我们放在主观调查里。

客观方面，我们是调查效用方面的问题。至于你的效用发展了很多，是不是使得你的幸福感增加？也不一定。因为一个社会的欲望永远是不能得到满足的，或者说你的预期永远都是超过你的实际的，这样才有进步。所以，如果说幸福感比较低，很难说这个地方不好，也可能是这个地方的人更有进取心。我们看了零点公司的调查，他们调查了中国的几个地区，广东省的幸福感排倒数第二，得了66分，最高是华北，有71分。我倒是感觉到广东人很有进取意识，他的预期往往都是超过能够实现的比较多，所以光讲幸福感没用，也不应该是我们评价的主要的东西。

国外也有调查，美国人这40年的幸福感不但没有增加，反而有所下降。法国人50年的幸福感没有增加。如果把主客观都搞在一起，不用调查了，就是70%左右，这是一个比较合适的进取心。得分80、90的可能比较容易满足，成都人愿意过悠闲的日子，他们的进取心不太强，沿海人的进取心更强一些。因为当你没有看到外面的人，可能觉得自己很幸福了，但当你看到人家的生活之后，你就会觉得自己很不幸福了，或者说你看到别人过得很惨，你又觉得自己很幸福。

如果说要建设"幸福广东"，我觉得主要还是要增加效用。当然，有一些不切合实际的、超出自己能力的预期，应该通过适当的教育、宣传，使得公众的思想预期能够和我们的能力相适应。一个粤北山区的农民，尽管他的收入没有广州的白领高，但是他可能觉得自己作为一个小学都没有毕业的人，已经是很幸福的，要跟自己的能力来对比自己幸福的预期。所以我觉得幸福的评价要分主客观来分析。

至于精神文化方面，我也同意大家的看法，包括刚才讲到文化只有产业，没有事业，我觉得教育、文化方面，我们没有强调怎么培养创造性的人才，怎么培养一种正确的精神的方向。包括我们建立一种伦理道德的标准，所以需要请孔子出来。但如果从自由、平等的角度来讲，孔子还是比不上基督教的，基督教是人人生而平等，大家都是兄弟姐妹。儒家思想是以家庭伦理的关系扩大到社会的，讲义气，只要是你的兄弟，杀人放火都是兄弟，都是要包庇的。所以造成了我们社会讲人情不讲法律，出了什么事不是首先考虑自己是否合法，而是考虑我有没有关系、有没有特别硬的关系，没有关系的就用钱砸出来，不是兄弟的人，多送一点红包就是兄弟了。小团体的利益排斥社会大多数人的利益。可能也是中国的人口太多、面积太大，都做兄弟太难，所以只有建立小范围的兄弟关系。这样的做法妨碍了我们的社会进步，所以需要有一种新的社会规范，尤其是伦理道德。因为我们比较重视政治法律的建设，但是大多数人的行为关系还没有到达政治法律的层面，还是在伦理的层面，需要用"荣辱"来规范它，我觉得现在缺少这个东西，亟需建立。如果说儒家是讲什么伦理的，应该把它继续扩充，更加适用于现代的精神，要有进取心。儒家还是太过保守，而且这种保守的观念已经渗透到社会的各个层面，包括我们的人才选拔，都是用考试的方式。考试能够考出创造性吗？凡是有答案的，都不是创造性的东西。现在很多有才的人考试都考不好，因为他答出来的东西肯定不是有现成答案的，他的得分肯定都不高。

## 李江涛：

要研究幸福的问题，我觉得确实是需要多方面、多角度来考虑的。因为每个人都是由具体的事物组成的,你可能在这个问题上满足了,另外的问题上没满足,有的是遇到了顺心的事比较多,有的是遇到烦恼的事比较多,所以有的人可能今天感到很幸福,明天遇到一个倒霉事就很沮丧。还有的人很走运,经常有好事,他就觉得很幸福。你要问一个人的感觉,或者是他很多年,或者是这段时间的生活的感觉,都会是不同的。所以有短期的、长期的、组合的因素。还有一个问题,之前我也说到,刚才建华也讲了,一个人是乐观的还是悲观的,跟他的思维角度和方式有关,是积极主义态度还是消极主义态度,这都不一样,对他整个人的感受也不一样。另外,我上次写一篇文章的时候也提到了,幸福是社会关系范畴,就是说你自己追求幸福的时候,是不是在剥夺别人幸福的权利,或者在侵犯别人幸福的利益?有的人可能为了自己的满足,就把别人当做工具,或者当做侵犯的对象,使自己感到幸福,所以这也涉及社会关系范畴。理论上讲我们要把这个问题说清楚,就是要一步一步地分析,从不同的角度来论证这个东西。像我们现在所处的这个社会阶段,从道德的角度,从理念的角度,现在我们讲的核心价值观,在多大的范围内得到了共识?你主张的这个东西,它是不是得到了全社会的共识？我们现在要客观地测量幸福的话，必须在有共识的前提下来测量，不能是测量有争议的东西。在这样的情况下，我们就可以做一个测量指标。比如说我们的工资收入增加是幸福感很重要的指标，这是达成了共识的。没有多少人说工资高了自己很不幸福，这是有广泛共识的，我们可以测量，但是没有广泛共识的，就很难测量，不能把它作为客观的指标。

现在在我们这个社会里，有哪些东西是有共识的？有哪些东西是没有共识的？像我前面讲的，追求特殊性、追求特权，这是自己在跟自己打架。我们现在的核心价值观是官方提出来的，是统治者提出来的，统治者自己信不信？自己有没有实践这个东西？我经常讲，我们的社会精英群体是给社会做示范的，我们的示范是什么样的？我们的纪委书记在台上讲腐败怎么可恶，自己却又被弄进去了，这是什么样的示范呢？我们的知识分子被称为社会的良心，我们的知识分子群体是什么样的状况？上次在一个座谈会上我就提到这个问题，比如说美国那些大学的教授是不能跟本校的学生发生异性关系的，谈恋爱都不行，要想跟学生谈恋爱，就必须离开这个学校。因为这是有利益冲突的，他要保证公平。但是我们不一样，我们很多博导就把女弟子搞上床。精英群体目前是这样的状况，是这样不负责任的，甚至堕落，那你想想这个社会是什么样的。这个社会如果失去了方向，失去了目标，才是最大的危险。不是说GDP滑下来了，环境污染了，那些事情都好办。

## 赵建华：

还有，幸福感的调查结果是不可以比较的，我们能够比较的应该是客观的因素，比如说我有肉吃，一定是比光吃白饭富足。但是幸福感调查呢，吃肉的不一定比吃白饭的幸福，他有肉吃的时候，他又想要更多。能够比较评价的是客观指标，但是引导客观指标的是主观的评价。我们通过对群众的社会抽样调查来了解老百姓希望在什么方面得到加强，他觉得现在对哪些方面不满，我们要通过这个来了解群众的要求，然后去调整指标，有些指标要更换，比如说过几年如果高中阶段都普及了，我们就不要高中教育的普及率这个指标了。现在可能是经济的权重比较高，说不定以后是文化、政治的权重比较高。

## 丁力：

我补充一下。在很大程度上，幸福还是可以比较的。我们大家谈幸福建设，就是在一定意义上相互比较、学习与借鉴。为什么有些穷的地方反而更幸福呢？我琢磨过这个问题，我觉得在今天的中国，经济越发达，常常社会越不公平。于是就出现了像深圳这样的城市，经济发展水平很高，但是并不幸福。因为很多人在相互比较中产生了落差，有一种失落感。相反，像梅州这样经济发展水平不太高的地区，人们的幸福感常常相对较高。所以我一直强调，幸福社会肯定是公平社会。我曾经在报纸上专门讲过，我说幸福指数有一个核心的问题，就是各种资源要为全社会共享，不仅仅是收入。问题是这个共享怎么体现出来。按照现在发改委制定的指标体系，是很难避免一些地区"被幸福"的。

## 冯胜平：

发改委第一次的座谈会我参加了，他们在做这套体系的时候，我们也是根据无数的意见，最后得出一个初步的结论，公平、共享、价值是非常重要的方面,而且每一个方面都需要有进步。例如,我今天的工资是1000元,明天是1200元,我就感到幸福。但后来我发现,我们做的这套客观体系实际上是考核领导干部地方从政的考核指标,它不是真正意义上的幸福指数。

## 郑梓桢:

我还有其他的想法。第一,我赞成万老师的看法,把幸福作为社会理论来研究。第二,就按照有序、福利的思路来考虑社会理论,也就是你建设幸福,实际上是社会建设、社会管理,它的"道"是什么,它的理念是什么。比如它的目标和它的理念就是有序和福利,再加上一些模式和一些考虑。我有几个考虑:第一,幸福是有阶段性的,幸福也有它的最大的覆盖面,我们就从最大的覆盖面着手。广东过去做过的一些事情,实际上是按照这个思路走的。所以我给《南方杂志》写卷首语,就提出一点,我说现在的幸福指标的制定应该延续广东比较好的经济、社会、文化、政治方面的做法,比如说基本公共服务均等化,这实际上就是实现福利。这个福利社会的建设,它又是从最基层开始。基本公共服务均等化基本上都可以检查。我看了现在广东的幸福指标，我说怎么不往这边走呢？你定了那么多的指标体系，没有"道"的指引，东一榔头西一棒子。如果有公共福利，最基本阶段的公共服务实现了，广东的幸福水平是可以比较的，是可以点出来的，它到了一个什么阶段，再往下走，比如再高一个阶段，那就是珠江三角洲基本公共服务一体化的问题。实际上基本公共服务均等化解决的也就是城乡一体化、缩小贫富差距等问题。这些既可以让老百姓看得到，也可以检查各级政府的政绩。这样制定幸福指标体系完全就是客观的。如果出现跟一般老百姓的印象不一样的结果，比如说石家庄是全国最幸福的，深圳是最痛苦的，惠州是最好的，出现了这样的结果，除了有丁力说的存在公平的问题之外，这是指标体系本身就有问题。就算是心理也是这样的，中国科学院心理研究所在广东做了一个广东居民的心理调查，得出的结论是，阳江的人最幸福，但是它解释不通。丁力说的是一个原因，最主要的原因是你的幸福指标本身有问题。假如你是按照基本公共服务均等化，按照有序来制定指标的话，就容易判断。有序的内涵很大，包含社会安全以及政治上的要求，这些都可以有指标测定，问题就是你的理念在哪里。

## 冯胜平：

我认为，建立一套科学合理的幸福指数测评体系是非常重要和必要的，是政府真正落实"以人为本"的重要体现。幸福指数，它体现的是一种社会事实或社会现象，是人民群众在特定时期感受对社会生活满意度的一个评测指标。在编制这个评测体系时，我也赞同用主客观两套评价体系来综合测评。客观指标评价体系更多地是从政府投入、政府服务过程来进行评判，主观部分则是从投入的产出和结果，也就是居民是否真正得到政策的实惠、生活质量是否真正得到提高等方面进行满意度测评。客观部分的指标可以延续以前地方政府绩效评价的指标，但必须要结合幸福的要素对指标进行优化和创新，要提取真正能反映民生质量是否得到改善的重要指标。

从2008年开始，我们连续三年针对全省展开了关于地方服务型政府建设的调研。调查结果显示，"温馨的家庭、财富的积累、乐观的性格"是影响居民幸福感的主要因素。之前说过，一是受宗教影响比较大的地区，幸福感会强一些；二是那些历史人文底蕴比较深厚的地区,幸福感会高一些;三是经济社会发展比较协调的地区幸福感好一些。可见,公平、共享、价值观是幸福感提升的重要关键词。

作为能直接反映老百姓幸不幸福的主观部分调查,尽管用其进行横向的比较还存在一些技术缺陷,但其反映出来的结果最能代表老百姓的心理感受,也最能为老百姓所接受和认同。我想对"幸福广东"指标主观部分的体系设计提几点个人的看法,一是指标体系的设计必须坚持实事求是、科学合理、动态发展理念,以导向性、发展性、政府主导性、连贯性原则,体现可衡量、可操作、可评价特点,突出过程与结果相结合,对影响居民幸福的各项指标作出科学客观的评价。二是导向性,指标体系的构建应当具有导向功能,提取影响广大群众幸福感的关键性因素,选择与群众利益最直接、最现实、最普遍的问题来设计指标,便于通过测评结果来发现具体实际问题,解决问题。三是发展性,影响幸福的因素繁多,并且具有较强的时代发展特征,指标体系需要在实践中不断更新、完善。四是政府主导性,政府是改善民生、解决民生问题的主体,通过主观评价指标的民意测评,来审视各项公共政策的作用和实际效果,从而间接考核政府主要工作，推动社会的全面进步和良性运转。五是可操作性，设计的指标精练易懂，数据收集简便、快捷。六是连贯性，"幸福广东"指标体系的制定，不应脱离我省既定的相关政策和评价体系，如基本公共服务均等化评价体系，科学发展观综合评价体系等等，取长补短，互相融合，针对幸福特点制定出科学合理的评价指标体系。

我还想强调一点，"幸福广东"的主观指标体系应包含两个方面，一是居民对个人主观生活质量的评价，二是居民对政府或社会客观投入和客观事实的主观评价。结合马斯洛需求层次理论，居民幸福的实现应包含物质、精神两个层面，在基本实现了生理需要和安全需要后，对社交、尊重以及自我实现的需要也会明显提升。因此，"幸福广东"指标体系应以居民幸福感为内核，包括居民个体的主观生活质量评价，以及经济增长、环境保护、社会发展、政府善治等外部影响居民生存环境和自身发展条件的映射评价。具体应当包括居民主观生活质量指数、生态环境指数、社会环境指数、政府效能与治理指数、公共服务指数等多项指数。

## 幸福广东调查

据2010年广东省省情调查研究中心有关"广东省地方政府公共服务公众评价"与"广东省居民生活状况与主观幸福感满意度"民意调研显示,居民主观幸福感的高低与经济发展水平并非绝对成正比。从地级以上市来看,惠州、揭阳、潮州、汕头、河源五市的居民幸福感相对较高,居前五位,主要分布在珠三角和粤东地区;东莞、茂名、阳江、深圳、云浮五市的居民幸福感相对较低,居最后五位。另外,不同人群的幸福感差异明显:本地人比外地人幸福;女性比男性更幸福;公务员、国企员工最幸福;高中、大专学历者幸福感较低。

什么是幸福 SHENMESHI XINGFU

# 幸福路线图

今天，我们用什么方式来谋幸福，又该如何看待幸福，是个很严重很普遍的社会价值观念问题。社会矛盾积压得很厉害，社会的不公平已经到了很严重的程度，该如何化解？如何实现我们当下社会的正义校正，是个很严肃且紧迫的社会现实问题。

## 1. 经济方式

**万俊人：**

具体到广东，关键仍然是三个基本问题：一个是社会为谁发展，第二个是谁来发展社会，第三个就是怎么发展社会。怎么发展的问题，过去我们似乎找到了一些方式，而且好像行之有效。今天反过来看，发现我们自己付出的代价太沉重，得不偿失的事情做得太多。虽然经济发展了，但是实际上得不偿失。比如说,全世界的制造业都集中在中国,这是好事还是坏事?一方面因为我们的工业化底子薄,我们缺乏资本,借助海外资本来发展我们的制造业既有些迫不得已,也确实是有利可图。市场经济有几个基本要素,首先是资本。日本靠中国的庚子赔款启动了它的近代工业化,欧洲的发展最初是靠它在海外的殖民掠夺完成资本的原始积累。

我们中国要发展市场,该怎么做,的确是个大问题。记得当年我们在上大学的时候,同学们上完《政治经济学》课后就在探讨,因为改革开放之初搞市场经济特别困难,首要的困难就是缺乏资本。我打一个比方,市场经济作为一种先进的经济体制,就好像一个河床,资本就是河床里的水。没有水,市场经济根本动不起来,因为没有源头活水,市场就是一条干涸的河床。所以,我们当时都很着急,心忧天下大事,有的同学甚至想到了靠打仗来掠夺资本,然后再发展,等我们发展好了再给战争受害者赔款、道歉。今天看来,这些想法都非常孟浪、幼稚、近乎荒唐,但却真实地反映了那个时代的经济状况。

要发展经济,没有资本是不行的。资本怎么来呢?还是小平同志高瞻远瞩,提出在沿海搞特区。搞特区有几个好处：第一是开放之后可以较快引进外资；第二是沿海地区的华侨资源比较丰富，事实上也正是广东爱国华侨为我们的市场经济注入了最初的资金。可是，经过了三十多年的改革开放之后，我们的社会经济状况和情景已然发生了很大的改变，制造业发展到今天反而成了一个累赘，不仅能源消耗太大，环境成本太高，而且成为了我们的产业升级和转型的沉重负荷。

珠三角周围城市的经济肯定大大超过了梅州，但珠三角的空气质量和环境绝对没有梅州好。我在梅州讲课的时候，就说过梅州肯定不能照珠三角的模式来发展。我对现在的一些产业转移政策存有很深的疑虑，胡乱转移是不对的！我们绝对不能因为中西部地区经济不发达，就把一些耗能大、污染重的制造业转移到中西部地区，比如说，珠三角地区的制造业就不能简单地平移到梅州、韶关这些经济相对落后的地区。

如果不加限制和选择地搞这种产业转移，对于那些"被转移"的地区来说，这些产业的到来并非生活的福音，相反，情形很可能是，有了产业但丢了幸福生活。我们的政府和领导一定要慎重地考虑这一点，千万别为了政绩业绩而只顾眼前,还是要以人民幸福为最高目标才是啊!

## 2. 政治方式

**陈实:**

前三十年的改革开放与再往后三十年的改革开放相比,性质是有所不同的。过去是革命党,现在是执政党;过去是经济建设中心,现在要公共服务中心;过去是一部分人先富起来,现在要大多数人都富起来;过去是国富民强,现在要民富国强;过去是讲GDP,现在要讲幸福。刚刚万教授说共产党是"他为人民谋幸福",那是过去讲的。现在还讲"他为人民谋幸福",人民不干了。干吗幸福要你来谋呀?干吗我们要"被幸福"呀?你一个执政党,你一个政府,就应该是"全为人民谋幸福"。你所做的一切,都是为了人民的利益,都要为了"人民幸福"的目标。

从"他为人民谋幸福"到"全为人民谋幸福",是执政理念的改变,执政方式的改变。现在"共和国一代"在中国开始逐渐执政,他们的观念也从"他为人民谋幸福"向着"全为人民谋幸福"发生改变,他们也在重新思考,改革开放怎样继续深化?今后三十年、五十年、一百年应该怎样走?中国特色社会主义怎样建？中国现代化发展往后怎样搞？"人民幸福"怎样谋？包括重庆的"唱红打黑"，我认为都是这样一种思考。那边"唱红打黑"，这边"幸福广东"，都在思考、探索、寻找今后的路向、途径、方法。

当然，我们希望这些思考、探索、寻找，能够站在更大的方面考虑，能够更有战略性、前瞻性，更符合中国特色社会主义的本质，而不仅仅是一个方法性的、补救性的思考。

## 万俊人：

我在演讲的时候经常说一个故事，这是十余年前的一个真实的故事：厦门大学有一位伦理学教授，他的哥哥是国民党将军，去了台湾，多年后他哥哥从台湾回大陆探亲。但与多数探亲者不同，这位国民党的将军回大陆后，花了两个月的时间在大陆各地搞了一次调查研究。两个多月后他准备返回台湾。回去之前，他跟他当教授的弟弟说：我要回台湾了，想跟你严肃地谈谈。你是共产党的教授，我是国民党的将军，我先说说我的调研结论，然后再给你们提点意见。当年，我们败逃台湾的时候百思不得其解，我们怎么败给你们共产党了呢？我们的地盘比你们大，占据的都是大城市和交通要害，我们受过良好军事训练，有美国人支持，装备精良，可为什么我们就败给你们了？蒋介石先生烦得很，恼得不行，都不愿意管我们了。他让蒋经国先生管我们，蒋经国领导我们开了一个多月的会，天天整风、反省、总结教训。

对于国民党为什么失败，我们总结出了三条教训：第一，国民党对中国社会的判断失误，20世纪上半叶的中国本质上是一个农业社会，它的基础在农村，国家的基本力量是农民，但我们却只依靠城市的民族资产阶级，依赖城市买办，甚至只信洋人。第二，我们依靠的社会力量出现了问题。你们共产党始终依赖农民、工人，搞农村包围城市，你们搞对了，我们没有把握住社会的主要力量，孤立无援，所以失败是势所必然。以淮海战役为例：淮海战役时，表面上看，你们共产党只有五十万军队，国民党有六十万军队，可实际上呢，国民党的军队有二十万搞后勤，只有不到四十万军队在打仗。而你们共产党的五十万军队全都参加打仗，不需要分心管后勤，因为你们还有上百万的农民在给你补给，帮你们搞战场救助，你们共产党的参战人员实际上应该算有一百五十万人，这样我们肯定打不赢。第三，共产党作为执政党廉政强力，特别是你们共产党的领袖廉洁执政，具有优秀政治美德，当时的国民党恰恰缺少这一点。这次我到延安去，碰到几个延安老人，我问他们怎么跟毛泽东闹革命闹得那么起劲，共产党究竟给你们什么了？陕西的老大爷说了一句话让我大彻大悟啊。他们说，毛主席、共产党没给我们别的什么，但给了我们土地，给了我们羊和牛，也给了我们幸福生活。我们不在乎别的，在乎的是毛主席穿着打补丁的衣服带领我们闹翻身求解放，就是光着屁股我们也要跟他闹革命。这就是领袖的示范作用。你作为主席都穿打补丁的衣服，我光着屁股还怕什么？

当时的国民党就腐败，我们败得理所当然，所以我们不能抱怨什么。可是，我这次的调查结果却大不一样了，你们的一些村长、乡长、镇长一分钱都没投，还在村乡镇的企业里分红得利，这不就是我们当年的那些甲长、保长所做的事情么？过去，你们共产党靠农民起家，现在改革开放三十年了，经济发展不错，但是农民却得实惠最少，付出最多，你们这不是在背叛农民么？你们怎么能忘本背义呢？兄弟，你们这样搞不行啊！我们国民党当年不懂，但现在国民党开始懂了，国民党现在也开始比较廉政了，不仅跟民进党比要廉政得多,就是跟你们比,我们也敢比了。

这个故事我常常在演讲中谈起,目的是想促动和促进作为执政党的政党伦理建设,推进公共行政部门的政治伦理建设,这也是影响我们整个社会生活信心和幸福指数的一个十分显性而重要的方面。前面我谈到过公共示范的问题,其实官员和领袖的公共示范比其他任何公共人物或群体的示范都要重要和广泛,在中国社会的政治伦理语境中,这一点尤其突出。所以,我特别赞同胡锦涛总书记经常讲的那几句话:"情为民所系,权为民所用,利为民所谋!"经典啊!完全可以充分表达"全为人民谋幸福"的本质含义!

## 李江涛:

我觉得是信用问题。共产党做革命的底层动员时,打土豪、分田地。不但是画大饼,而且给他们大饼。新中国成立之后大陆搞合作社,把土地又收回来了。改革开放其实是第二次土改。台湾不是把农民的地买了,给很少的钱就把你打发了。他不是给你现金,而是让你以土地入股,让土地变成了资本,土地资本和工业资本相结合,你入股之后就变成了股东,甚至还可以进董事会。我们是买了地,农民失了地,但是他还是农民。现在国民党的骨干力量基本上都是受西方教育的。当然不是说他学西方就一定好，就是他的眼界、融入世界的能力是非常强的。当然台湾也有黑金政治，通过这么多年的反黑金还是有成效的，我们想在广州市搞一个村委会选举防止贿选的条例，我们也看了台湾和香港的条例，台湾的条例搞得很细，上次台湾有一个专门研究选举的过来，讲了台湾的黑金政治。这次我们到农村调查，发现有些村民也学会这一套了，比如说投票的时候，我要买你的票，我就说你投了我的票以后我就付钱，500块钱一张，怎么证明你投了我的票呢？第一个办法就是你投票的时候，把你填的选票用手机拍下来，然后拿给我看。如果说不准拍照的话，还有另外一个办法，你在填写名单的时候，第一个要填你自己，第二个必须要填我。一般的人不会这样，所以产生重复的几率是很高的。还有一个办法，你不好意思写你自己，你写一个大家熟悉的其他人物，第二个写我。

万教授刚才说到这个事，其实邓小平那时候已经开始出现危机了，到了现在这个阶段，共产党作为一个执政党，面对这样的问题是非常严峻的。

### 3. 文化方式

**万俊人：**

我前面谈到的芬兰人以享受阳光为第一的幸福价值排序或价值观，这很值得我们反省，其借鉴意义就在于，它告诉我们，由于生活环境和历史、文化传统等多种生活要素的差异，不同国家和地区的人们，甚至是同一国家和地区的人们对于幸福价值的理解、观念和实际追求方式都是各不相同的。这个现象折射出一个问题，不同的社会对价值的理解、优先排序和选择是很不一样的。今天的中国社会，一些人的价值观已经有些扭曲变形，茫然失措。一些人的确不知道自己想干什么，如何生活。你挣了钱干什么？要生活，你的钱足够你生活了，还挣钱为什么？不知道。

今天，我们用什么方式来谋幸福，又该如何看待幸福，是个很严重很普遍的社会价值观念问题。社会矛盾积压得很厉害，社会的不公平已经到了很严重的程度。该如何化解，如何实现我们当下社会的正义校正，是个很严肃很紧迫的社会现实问题。罗尔斯曾经说，正义是对社会最起码的要求。现在的问题是社会正义的底线兜不住，道德伦理的底线也守不住。问题大啊！我这几年反反复复地讲一些社会现象，比如

"范跑跑"、"我爸是李刚"、"药加鑫"或所谓"激情杀人"、"毒牛奶"、"染色馒头"、"瘦肉精"等等，举不胜举，此起彼伏。这样的事情如果充斥于我们的生活世界，幸福就会无处存活。

更为严重的还不是这些事实本身，而是我们的社会对这些事实的反应！"范跑跑"的行为不可能为任何一个文明的国度所容许，怎么在我们的社会就变得应该"宽容"了？"药加鑫"杀人如此残忍，怎么就莫名其妙地变成了"激情杀人"而非药加鑫杀人了？我们一而再、再而三地打击"注水猪肉"，"瘦肉精"怎么会演变成跨省市的大面积灾难了？《中华人民共和国宪法》明文规定，土地矿产属于国家所有，怎么转眼间就不知不觉地变成了私人老板私自占有和利用的"聚宝盆"了？住在湖边没水喝，守在江上无鱼钓，这样荒唐的事情是怎么发生的？国家的土地怎么能够变成地方政府的财政源？凡此种种，哪一件不值得我们沉痛反思啊！

过去，我们总是习惯于把复杂的事情简单化，如今，我们却常常把简单的事情复杂化，是我们的思维在变得成熟，还是我们的观念在变得到糊涂？有意杀人这样一件很简明的事情，我们怎么就能够把它弄得这么复杂,用尖刀捅了别人八刀,跟音乐的八个音阶存在什么必然的联系?如果药加鑫只捅了七刀或者九刀,又该如何做心理解释呢?

我们不能不感叹我们的一些学者,一些学术,一些所谓的现代文化人和现代文化本身,或许他们真的已然"后现代化"了,任何基本的规则、秩序都被他们给颠覆了。现在国家扶持的文化是不断下降的,你树立道德模范、感动中国的人物不如一个明星。英雄已经趋于平民化。我们到西方去的时候发现俗文化和高雅文化保持了很好的界限,但是从来没有说哪个地方不行,哪个地方做得非常好。金色大厅的音乐会向全世界转播,无论是通俗歌曲还是民歌。可是,若果真如此,我们该如何生活呢?如果我连如何生活都不知道了,还怎么谈论幸福生活呢?文化的"三俗"似乎难以避免,但长此以往,我们社会的文化建设希望究竟在哪里呢?

## 李江涛:

我觉得工业社会的一个逻辑就是世俗化的过程,世俗化把神圣的东西变得不复存在了。我们过去讲爱情都是很神圣的,现在爱情都不神圣了,变成了"快餐"。两个人在酒吧里见了面，然后"干活"，干完了活，一边穿衣服，一边问"你姓什么"。变得不神圣之后，我们就变得什么都无所谓了，就跟"文化大革命"的时候一样"五不怕"。我们现在心中没有畏惧，大家就没有底线了。我主张我们先把宗教好好研究一下，现在我们的宗教也被变成了世俗化的东西，宗教本来是很神圣的，它就是在我们的心灵中建立的一个原则，但是现在没有这个东西了。

**万俊人：**

我完全同意你的分析。世俗化或世俗主义的确是现代社会的一个普遍趋势，也是现代社会商业化的主要后果，还可以看作是现代社会的精神动力之一。过去马克思和马克斯·韦伯深刻解析过这一特点，比如，马克思关于基督教宗教的世俗化改革的分析；韦伯对新教伦理与资本主义精神的分析等等。最近，加拿大著名哲学家和伦理学家查尔斯·泰勒（Charles Taylor）写了一部大书，题目叫做《世俗的时代》，对西方近千年的世俗化演变及其与西方社会现代化的演变之间的相关性给予了系统的解析。社会的世俗化、尤其是文化的世俗化究竟如何看？文化世俗化究竟要"化"到何种程度?何处是"底"?何时是"终"?需要我们好好探究。

## 李江涛:

我们现在没有底线就是因为我们没有了参照系,就是因为我们把某一个人作为参照系,树英雄、树榜样,而且我们习惯把榜样无害化、神化。但是宗教偶像和我们现在崇拜的榜样一个根本区别就是,宗教的偶像是不能证实也不能证伪的,但是人为树的偶像是可以证实也可以证伪的。毛泽东去世以后,大家发现了他的好多缺点甚至错误,还有很多毛病,这样就被证伪了,然后这个榜样就垮了。前段时间又在证伪雷锋。但是宗教的偶像是不能证实也不能证伪的,所以他有这个力量,他这个力量永远不会倒,反正好话都是他说的,说得不对的话肯定不是上帝说的,是你编出来的。所以宗教给人们的约束非常有力,不能挑战,甚至不能对抗,它有这样的力量。但是我们现在没有力量,我们需要有一种思想的力量,我们现在在拼命地堆积物质的力量,我们的物质力量不断强大,但是我们的思想力量是在逐渐弱化的,而且现在已经不知道怎么办了。要把老祖宗的东西挖出来,已经没招了，到了这样一个山穷水尽的地步。我感觉思想界这时候确实是要作贡献了，因为知识分子要有这个使命感。我们不能跟着人家去掺和这些东西，既不要掺和唱红打黑，也不要掺和追求金钱的事。知识分子这样的社会最后的一道防线都垮了的话，这个社会将来走向没落的可能性非常高。

**万俊人：**

我非常同意你的观点，我说中国面临着文化风险，最大的风险就是巴比伦化。大家知道，巴比伦文明过去曾经是非常辉煌的，它一度异常富足，但这个文明却很快灭亡了。据说，查理大帝打胜仗之后曾经参观巴比伦文明遗址，参观之后，他说了一句警世之言："这个文明必然灭亡！"这句话后来引发了史学界的很多讨论，最后比较公认的结论是，一个文明如果给人类文明进步的示范只有财富享乐而没有理想和精神追求，不仅必然会走向灭亡，而且也将被看作是人类文明进步的祸水而受到严厉的斥责和批判。一个文明共同体如此，一个社会或一个社会群体也是如此。这使我想起十余年前我应邀去南海舰队讲演的往事。当时王伟的飞机被美军飞机撞下来之后，部队的思想政治工作出现一些难题。部队政委请我去给他所在的分队讲讲。如今，许多演讲的内容我已然淡忘了，但有一点我一直记得非常清晰。我说，中国社会中有两个群体的地位和作用非常独特和关键，一个是知识分子群体，另一个是军人群体。前者是我们这个社会的思想、知识和文化的创造者和传承者，对我们社会的精神文明建设应该发挥特殊的作用，承担特殊的责任；后者是我们社会实现社会加速转型的稳定器和护卫栏，对我们社会的稳定、秩序和安全负有特殊的职责。因此，这两个社会群体自身的建设和强大十分重要且必要，强军和强教育、强文化是我们推进和维护中国特色社会主义的重要条件和保障。

这种看法其实不是什么新见，毛泽东主席很早就谈过两杆子，即"枪杆子"和"笔杆子"的极端重要性，只是现在我们面临着新的社会历史环境，对此需要有新的认识和把握。林毅夫曾经说过一句话，他说，中国最可忧的不是社会经济本身，而是我们的经济学家。其中的深意是值得我们深思的。

陈实：

我对"笔杆子"的话题特别有兴趣。"笔杆子"

的学名，就叫"知识分子"，特别是人文知识分子。谈现代化，谈发展，"笔杆子"的作用功不可没。现在谈幸福，更少不了他们的作用与贡献。

我们现在对"知识分子"的认识，包括知识分子自己对自己的认识，有两大误区：

一是只把知识分子当"良心"，没有把他们当"智慧"。批评的时候，声讨的时候，骂娘的时候，就想起"笔杆子"，其他时候就把他们忘了，或者把他们"冻"着，坐冷板凳。其实知识分子有个更大的作用是"摇羽毛扇"，用"智慧"、"智谋"、"谋略"为"建设"、为"变革"服务。

二是只重视科学知识分子、技术知识分子，不重视社会科学（政治学、经济学、法学、管理学、人口学、环境学等）的知识分子，更不重视人文学科（文学、历史、哲学、美学）的知识分子。比如我们社科院过去有个民谣——夹皮包的，戴眼镜的，远看是社科院的，近看是要饭的。

由此，全社会都只重自然科学，轻社会科学，边缘化人文科学；重视物质的东西、物化的形态，轻视制度、管理的层面，忽视价值和价值观的创造与创新。他们不知道，人文科学最根本的作用，就是生产文化"价值"与文化"价值观"的。

"幸福生活"、"幸福社会",需要制度的供应;制度的供应,需要思想的燃料;思想的力量,需要价值观的催化;而价值与价值观的铸造,需要人文科学的繁荣。所以,"幸福社会"有个很简单的判断法——什么时候你那个社会的人文学科受重视了,人文科学兴旺发达了,人文知识分子受尊敬了,你那里离"幸福社会"也就不远了。

### 4. 生态文明

**万俊人:**

现在知识界和整个社会还在讨论另一个重要的问题,这就是"生态文明"问题。我觉得,这个问题与我们所讨论的幸福问题也直接相关。我们今天讨论的都是人类文明、工业文明、技术文明,我们还要讨论一下生态文明。这个生态文明不是我们过去所理解的只是我们生活的一方面,如同环境保护、青山绿水等等,不是这样。人们现在讨论的"生态文明"是指另外一种整体性的社会文明发展状态,即生态化或绿色的人类社会文明,一切文明的生态都要在这一新的视域中达到完整的和谐统一。

## 李江涛：

那是更大的概念，包含有人类自然生态、社会生态，还有政治生态。

## 陈实：

非常赞成"生态文明"这个新的概念与思考。20世纪90年代以来，全球的生态文明大至自然生态、环境生态、社会生态、文化生态、经济生态、政治生态、民族生态，小至工业生态、农业生态、产业生态、技术生态、教育生态、安全生态、文学生态、传媒生态，一直问题多多。自然灾害、环境污染、金融风暴、能源危机、民族分裂、反恐战争、文化安全、政治丑闻等新闻、消息几乎每天不停。

中国的生态文明也是一大堆问题，光是一个基尼系数0.6，就说明中国的生态文明很不和谐。广东也一样，光是粤东、粤西与珠三角的发展差距，就说明广东的生态文明不协调。党的十七大提出了四个文明——物质文明、精神文明、政治文明、生态文明，我很赞成把"生态文明"的范畴扩大，不仅仅是环境保护，不仅仅是青山绿水、蓝天白云，应该是研究整个中国文明、整个广东文明、整个岭南文明的生态。

我曾经谈过,搞好文化生态,要处理好七种关系,即主流文明与多元文明和谐,思想文明与智力文明并重,高雅文化与通俗文化互补,现代文化与传统文化兼顾,科学文化与人文文化互动,精英文化与大众文化共生,共性文化与个性文化结合。现在谈建设"幸福广东"、建设"生态文明",我想同样要处理好"主流与多元"、"思想与智力(知识)"、"高雅与通俗"、"现代与传统"、"科学与人文"、"精英与大众"、"共性与个性"这七种关系,才能使各种文明处于和谐状态,才能为"幸福"提供条件和保障。

**最具幸福感城市**

目前,在中国较有影响力和权威性的中国最具幸福感城市的评选主要有两个:一个是由中国国家统计局与中央电视台联合主办的《经济生活大调查》所评出的;另一个则是由新华社《瞭望东方周刊》所评出的。

2010年国家统计局评出的中国十大最具幸福感城市:
杭州、成都、长沙、昆明、南京、长春、重庆、广州、通化、无锡。

什么是

幸福

SHENMESHI

XINGFU

200

# 幸福齐步走

在"幸福广东"建设中,有两个问题需要注意。第一个是"幸福广东"不能由政府大包大揽,而应该坚持让市场在资源配置中发挥基础性作用,让政府在社会公平中发挥主导型作用。第二个问题是政府如何使用有限的财政资源,让广东人民获得最大的幸福。

## 1. 贫富新坐标

**万俊人:**

罗尔斯1971年发表《正义论》之后对资本主义的改善很大,撒切尔夫人、里根总统都受罗尔斯的影响很大。我第一次到哈佛大学访学的时候,他们告诉我,所谓"哈佛哲学"就是"美国哲学"的代名词。著名分析哲学家普特南先生还在课堂上告诉我们,哈佛大学哲学系在未来几年中将有两位教授可能获诺贝尔经济学奖，一位是阿玛亚蒂·森（哈佛大学哲学系道德哲学讲座教授兼哈佛大学经济学系教授），另一位是罗尔斯（哈佛大学"大学讲座教授"）。前者在1998年果真获得了诺贝尔经济学奖，但罗尔斯却因为过早去世而未能获得此项荣誉。由此可见，罗尔斯及其正义理论的重要地位和影响。

罗尔斯正义理论的重要性究竟表现在什么地方？其实说起来很简单，他的正义理论主要就是正义的两个原则，第一个原则没有多少新东西，主要规定平等的自由，以及自由之于平等、平等自由之于机会均等的优先和次序等等。真正重要的是他的第二个原则即所谓"差异原则"。该原则规定：社会的基本权利和义务分配，应该按照最有利于处于社会最不利地位的人来进行分配，做出相应的制度安排和政策实施。换言之，任何社会的财富或者资源分配都要最有利于社会的最弱势群体。

这是一个伟大的改革和设想！在西方资本主义社会前所未有。按照这一原则调整社会福利分配，意味着穷人优先，富人受限。罗尔斯画了一个坐标，通常国家政府制定的政策都是寻求社会的中间状态，若将Y坐标设为社会富裕群体，将X坐标设为社会贫穷群体，那么，过去通常的做法是，国家和政府常常以Y和X中间的45度为各项政策安排实施的基准线，比如，我们制定公共物品的价格，一般都习惯于取中间价作为我们制定某项新政策的基准线。经济学还有一个理论，一项社会政策的制定，它的实施效应如果正常，应该最有利于实际生活状态最接近该基准线的人。举例说，白菜在市场上有的卖三毛钱一斤，有的卖五毛钱一斤，最后定价一般是四毛钱一斤。这样的定价一般总是对生活水准在四毛钱一斤左右的人觉得最合适，而对生活水准在只具有三毛钱一斤的购买力的人来说，就觉得有点吃力，对于那些购买力超过平均水准的人来说则没什么感觉。

所以，若要使得社会的公共政策制定及其实施最有利于最贫穷者，其制定基准就不能是中间的平均线，而必须是更接近于X坐标，以此为基准来制定和实施社会的公共政策，俾使那些处于社会最不利地位的人获利最大、最多，使那些处于较有利地位的人获利机会较少，甚至是获利最小。

不难看出，罗尔斯正义论的"差异原则"的确带有相当明显的平等主义价值取向。所以，他自己也在《正义论》一书的末尾说，他的这本书"既适合资本主义,也适合社会主义"。《正义论》论证和主张的是一种普遍理性主义的社会道义论。罗尔斯认为,这种社会道义论足以替代传统的功利主义理论,而且只有这样,才能真正解决现代民主社会的社会不公问题。在市场经济条件下,如果只遵循"经济理性"和市场规则,社会势必会出现贫富差异。比如说,经济理性的本质是追求经济行为的利益最大化,利益最大化的前提是拥有资本。而资本的本性是滚雪球,以自我的膨胀为基本运作逻辑。因此,你要在市场经济的竞争中获得利益的最大化,你必须首先拥有自己的原始资本,你的资本运作的第一步走得越快,你的原始资本积累得越多,你今后的获利机会和数量就会越多。当然,这一过程中还会出现一些偶然的因素,但一般来说,这一趋势是没有疑问的。然而,这样的做法对社会来说是有问题的,有一些人天然就缺乏经济理性,不是他没有经济理性,而是他没有表现其经济理性的基本物质方式和物质条件。对一个无产者来说,即使他或者她再聪明,再会炒股,没有自己的资本,他或者她也没法炒。有些大学生毕业以后找不到好的工作,跟我说他们是操盘高手,问题是无盘可操。我鼓励他们说,你们应该大胆地去找投资公司的老总谈。可他们又说，问题的关键是，他们根本就见不到公司老板，即使千方百计地见到了公司高管，也无法获得他们的足够信任。可见，手上握有资本是表现人的经济理性的首要前提。我这么说，实际上是想强调，社会公平必须依赖社会制度的安排和调整，而不能寄托于市场本身，市场经济仅仅具有市场原始分配的有限正义性，没有也不可能实现社会正义。

## 2. 从"让一部分人先富起来"到"一个都不能少"

**吴重庆：**

第一个问题我就谈财富分配的问题。我们经常说我们处于转型期，对绝大多数中国人来说，转型意味着什么？中国有超过60年的社会主义实践的过程，绝大多数中国人对社会主义制度是深有体会的，在社会主义制度下生活的人对公平的诉求是特别强烈的，而且特别敏感。不管我做什么，我一看到谁比我厉害，我就心里不满，为什么他比我厉害，为什么我不行？这在别的制度背景下可能不一定是这样，他们会觉得，我本来就是这个阶层的，我的阶级就是如此的，没有必要那么敏感。所以对中国人来说，这个转型对他们造成的心理振荡太大了，转型就是从社会主义的福利安排，转到事事依靠个人挣扎拼搏的市场化的方向上去，社会主义制度设计里的国家赋予每个公民的社会福利被剥夺掉了。

在20世纪80年代，"改革"是一种意识形态，但是到了今天，改革的社会共识为什么出现破裂？就是因为社会公平出现了严重的问题。今天不仅是市场经济，而且是权力跟资本结合的权贵资本主义，不仅是官员个人的权力跟资本结合，甚至在制度安排上，权力跟资本的趋势也在增强。还有内部"殖民"的问题。不仅跨国资本在全球范围内劳动力及其他生产资料价格低廉的区域横冲直撞，而且我们国内的资本也是越来越活跃，不断从东南沿海向中西部地区集结，即内部殖民的问题，欠发达地区的生产性资源逐渐掌握在垄断资本手里，贫富差距在拉大。二次分配、三次分配也没很好跟上，社会就会存在很多的冲突。

第二个问题是社会保障问题和公共产品的供给问题。特别是对广东来说，我们讲"幸福广东"，我觉得应该要考虑广东的特殊性是什么。广东是一个"世界工厂"的重要的基地。珠三角有那么多的流动人口，有那么多的农民工，我们讲建设"幸福广东"，一定要考虑到这个庞大的人群，他们虽然不是户籍意义上的广东人，我们一定要真正关注这个人群，如果他们没有幸福感，那么我想原住民也不可能有幸福感。我们现在老是提最低工资制度，而且珠三角的最低工资也在提升，当然提升的速度很慢，水平也不高。我们在讨论"幸福广东"时，能不能提出"生活工资"的概念，而不仅仅是停留于"最低工资"的水平上。最低工资主要是根据劳动力市场的价格来决定的。从企业主的立场讲，他巴不得工人的工资越低越好。但如果这样的话，这个社会是会随时爆发冲突的。所以，才有政府出面干预，规定"最低工资"。

最低工资制度本是为技术水平低下、最没有竞争能力和谈判能力的低端劳动者或个体劳动者而设计的，是劳动力市场上劳动力价格的最低级次。最低工资是国家干预下的工资，如果最低工资标准只能使劳动者"工作而又贫困着"，完全无尊严与幸福感可言，这样的低标准肯定要提高！但即使最低工资制度设计得再完美，标准再提高，执行得再到位，也不能彻底解决劳动者不能分享企业经营成果和经济发展成果的问题。这是因为，一味提高最低工资标准，可能会抹杀劳动力市场劳动力价格基于各种制度或环境因素可能存在也应当存在的级差。过高的工资标准，会大大影响企业的利润空间,导致企业大幅度削减职员,使得目前高企的失业率雪上加霜。社会上大部分劳动者的工资收入水平均不应当是最低工资水平。我们应当利用各种方法和手段,限制最低工资的适用范围。

引入"生活工资"概念,似乎是解决工资问题的另一条出路。建立生活工资制度,通过政府干预、或者劳动者的集体力量获得生活工资,劳动者可以生活得更幸福,更有尊严。

自20世纪90年代起,"生活工资"(living wage)的概念受到发达国家众多支持社会制度改革的政治家、社会组织的热烈倡导,生活工资运动进行得如火如荼。所谓"生活工资"是指,一份不仅能保障劳动者和他所要扶养的家庭一定水平的温饱,同时能提供健康、有营养的饮食,能满足正常的社会交往需求,承载对未来稳定合理的预期,使得劳动者免于承受长时间的生存压力的工资。生活工资既能保障劳动者的温饱,又能为他们提供发展机会,总体而言,是一种"准小康型"的生活水平。相比最低工资更接近政府所承诺的"幸福、有尊严"的生活目标,数量庞大的底层低收入劳动者的工资无法承载"幸福、有尊严"的生活目标,劳碌而低贱的生存状态暗暗埋下影响社会稳定的不安种子,这值得引起政府的高度重视。

生活工资制度并非对最低工资制度的取代。最低工资制度保障的是劳动者基本的生活需求,覆盖范围广,具有强制性。而生活工资制度并非对所有企业都具有强制性,例如在美国,生活工资目前只覆盖承包政府外包项目的企业,或者接受政府资金资助的企业等与财政资金有关联的企业。生活工资制度构建的意义更多在于为最低工资标准的设定提供参照,促使最低工资标准提高到合理的水平,使广大劳动者的生活更接近"幸福、有尊严"的目标。当然,在符合我国国情的前提下,可以考虑在承包政府外包项目的企业中、国有企业大量的劳务派遣工人中执行生活工资标准,以点带面,促使全社会工资水平的提高。

### 3. 从"国富民强"到"民富国强"

**丁力:**

我再插一句。在"幸福广东"建设中,我认为有两个问题需要注意。第一个是"幸福广东"不能由政府大包大揽,还是应该坚持让市场在资源配置中发挥基础性作用,让政府在社会公平中发挥主导性作用。

一定要打破政府建设幸福社会的神话，不要老是觉得政府很厉害，其实光靠政府，幸福社会是无法建设的。第二个问题，是政府如何使用有限的财政资源，让广东人民获得最大的幸福。财政是政府建设幸福社会的重要支持，问题是怎么样来评价政府的绩效。比如说现在各级政府在教育上投入占的比重相当高，似乎钱投入得越多，说明政府对教育就越重视。政府越重视，是不是就意味着老百姓越满意呢？这里有两个问题，一是政府应用财政资源的绩效有高低之分，比如说，你把财政的钱主要用于"三公"消费，那尽管钱再多，教育困境依然无法解决；还有一个问题是钱怎么用，我们把很多的钱超水平用于像教育、维稳等政府工作中去，而对于老百姓目前的"住房难"、"看病难"视而不见，这样的财政结构，也不能够让老百姓满意。所以，政府财政花多少钱，怎么花，不应该由政府单方面决定，也要多听听老百姓的呼声。

## 吴重庆：

还有社会建设和社会创新的问题。我们经常会说NGO（非营利组织）、NPO（非政府组织）做的是补位的工作，本来政府在做这个事情了，你就不要再来凑热闹了，你要寻找到自己的位置。政府为什么又需要NGO和NPO呢？事实上政府要造福人群，是通过一个公共政策来设定、执行、落实的，但是不管怎样科学地制定普惠性的公共政策，总有少数边缘人群或者说有特殊需求的人群是公共政策照顾不到的。即使是太阳，也有一些它照不到的角落吧。这时候就需要NGO或者NPO补位。广东已经有了"政府向社会购买服务"的理念，很多行政部门都已经在做探索"政府向社会购买服务"的工作。这不仅是照顾弱势群体，而且是激发社会活力的重要工作。

社会建设方面，我们还可以提社会创新的问题，我们这个社会太缺乏活力了，有时候好像政府整天在喊，他们有很多举措，好像有很多事情可做，实际上也就是一个公文的旅行，或者是一个表格的填报。我觉得现在有些措施只停留在这些文件里，没有真正落实到社会的层面并产生效果。所以我们需要以政府力量启动社会建设，汇聚社会力量参与社会建设。我们广东还有一个特殊性，就是NGO、NPO是全国最发达的地区之一。我们一个是受港澳影响，再一个是珠三角跟农民工相关的NGO特别多。我们应该善于因势利导，在社会建设方面，敢于突破政府单打独斗的局面,在建设幸福广东的举措上,更好地利用来自民间社会的力量,开展一些社会创新。

比如,在目前轰轰烈烈的扶贫工作中,除了依靠体制内单位的力量外,还可以考虑以社会创新带动扶贫创新。目前,广东省仍有3409个贫困村,政府组织了3263个帮扶单位,派出驻村干部8533人,与往年由帮扶单位自筹扶贫资金不同,政府在新一轮的扶贫攻坚阶段还给有关帮扶单位拨发扶贫专款。各帮扶单位的责任是,在三年时间内,使帮扶点80%的贫困户脱贫。各帮扶单位于是各显神通,但大都采取引入资本(企业)开展产业扶贫的套路。可以说,"政府主导"的力度不可谓不大,"开发扶贫"的思路也不可谓不清晰。但还是有人提出疑问:三年过后,代表政府主导力量的帮扶单位一旦撤走,脱贫户是否会"返贫"?还有,企业并非慈善机构,任何企业都是最大程度地压低成本追逐利润的,有什么办法可以约束企业甘心于专门雇佣或者照顾那些劳动力素质不佳的贫困户?

其实,只要我们真正接纳或者进一步放大既有扶贫策略中的另一种力量即"社会参与",也许就可以应对上述的质疑。可以说,虽然"社会参与"一直是我们的扶贫策略之一，但我们似乎只是把"社会参与"理解为动员社会上的有心人捐款捐物参与扶贫，只看到一颗颗孤立的爱心与一笔笔孤立的善款，而没有看到"社会参与"的真正力量在于基于社会网络的组织的力量，没有看到社会创新可能带来扶贫创新。

比如，针对贫困户家庭劳动力不足问题，可否抛开"公司加农户"的资本运作模式，让专业的农村社工以带薪或者志愿者的形式驻村，推动贫困户之间的生产互助合作，及时解决合作过程的矛盾和摩擦，促进相互信任，营造合作文化，并通过生产合作，带动农民参与农村公共事务（如公共卫生、文娱活动）的热情；比如，可否借鉴"社区支持农业"（CSA）的模式，让贫困户的农产品不经过任何商业流通环节而与城市消费者对接（直销），在组织贫困户开展生产的同时，组建城市消费者网络，让扶贫成为市民的日常慈善，并从餐桌上做起；比如，可否在大学毕业生中倡导"公益创业"，政府对有意于创办"社会企业"（SE）的年轻人，给予资金支持，并要求"社会企业"介入贫困户农产品的生产与销售过程；比如，政府可否以向社会购买服务的方式，将部分扶贫资金向某些NGO或者NPO开放，接受他们与扶贫有关的项目申请。

由于地理偏僻或有生力量的流失,贫困村的社会生态已显得尤为脆弱。外界力量即使是以扶贫的名义,也需谨慎进入,避免政府或资本对贫困者形成单边"宰制",导致出现某些"烂尾楼"式的扶贫项目。在此,社会创新带动的扶贫创新,也许可以为贫困者有尊严地脱贫,提供一片较为自在的空间。

最后我还想说的是,广东作为改革开放的前沿阵地,要不断推进改革,这么说是没错,但是我们不要把改革理解得太过于单面化,不要把改革等同于市场化,就是我们在推进改革、完善改革的过程中,其实有时候是需要适当后撤的。但是国家或者政府,原来后撤得太厉害,现在恰恰需要政府重新站出来,站到不遗余力地提供公共产品的最前沿。比如说城市街道马路的清洁工,在20世纪80年代,或者在改革开放之前,都是每天早上天没亮,他们就搞清洁,为的是不影响市民早上上班。现在每年的公共财政安排给环卫部门的经费肯定是越来越多,但是因为受了市场化的影响,迷信市场化解决问题的有效性,现在所有的环卫工作都是承包给公司经营的。我们每天早上上班的时候,环卫车也跟你一起上班,那个车开得很慢,它就占用了一条车道，而且还尘土飞扬。因为你信奉市场化，你请公司来做，他是讲求市场利润，他就想把成本压到最低，把环卫工人的工资压到最低。那么低的工资就雇不到人愿意天没亮就起床扫马路。这样，公司是得益了，但广大市民的利益却受损。所以，在公共产品的供给上，千万不要迷信市场化，否则，最广大的民众是很难有幸福感的。

## 李江涛：

公共产品的外包，这本身不是什么问题，问题在于他一包了之，其他的事情都不管了。比如说保洁的问题，原来是你自己养着一帮清洁工，现在不用你养了，由公司运作，你在跟他确定工作目标的时候，你可以提要求，比如说我这条路是24小时保洁的，那条路是12小时保洁的，我可以提出你在几点到几点之间，路面应该是清洁的，否则就扣你的钱。这就涉及包出去的管理、监督是否到位，但是现在我们的发包方花的钱也不是自己的，都是财政的钱，给出去以后，搞得怎么样就不管了。

## 万俊人：

现在制度设计还有些技术问题。比如，北京新近正在实行限制城市车辆、缓解交通堵塞的政策，就面临这样的问题。好比说，路面停车场，正规的停车场收费非常高，很多人就停在路边。这就出现了一个新问题：稍微远一点的停车场停不满，效益大大降低，而附近的停车场还勉勉强强，但也不及过去的水平。反过来，人们就开始乱停，有空就钻。一项新的制度设计的前提是，所有的问题都要考虑得严丝合缝，遗漏太多，政策本身的科学性、可行性和实效性就大打折扣，甚至流产。所以说，制定政策、调整社会的某些制度安排，既是一个决策科学化的艰难过程，也是实现社会公平正义、提升人民幸福生活的必经之路，再难也要尝试，这也是坚持改革的应有之义。

## 陈实：

看来我们可以为对话做一个小结了。这个对话起因于万俊人教授在《岭南大讲坛·文化论坛》第71讲的演讲《什么是幸福》，背景是汪洋对建设"幸福广东"的理念，现场是万教授与广东部分知名学者对"幸福"的讨论。首先，我个人觉得这是一次重要的学术讨论会，传达了社会再次转型初期的许多信息。学者们提出的"社会拐弯论"、"人民幸福论"、"幸福新政论"、"幸福道术论"、"生态文明论"，很可能成为今后现代化建设和深化改革中重大的理论和实践话题。

其次，我觉得这是一个保持优良传统学风的讨论会。20世纪90年代以来，学风空疏的主要表现，是学者们躲进书房，为学术而学术，学术脱离现代化的前沿阵地，脱离社会生活现实。而这次的讨论，抓住了中国社会新的转型期的核心问题，用学术的态度、学术的眼光、学术的方法，对"幸福"问题进行了研磨，尤其是对"幸福广东"内涵的发现，有深刻的学问义理，有真诚的现实参与，实在是"以终极关怀之心，行现实干预之举"，很能为今后的学风提供一个示范。

当然这要感谢万俊人教授，是他从北京、从清华给我们带来了宽广的视野、敏锐的触觉和学术的新鲜气息。我希望这个讨论的成果，不仅有广东的意义，不仅能够推动"幸福广东"建设，而且有全国的意义，能够为"幸福中国"建设献出我们的几个音符。

万俊人：

感谢广东省岭南文博院提供这样一个自由开放的"圆桌对话"平台，感谢各位广东的贤能智士！我从这次"圆桌对话"中实在是获益匪浅。可以毫不夸张地说，这次同各位同道的思想理论对话远胜于一次文化思想的盛宴，我真切地感受到了一种思想的幸福，精神的幸福，智者的幸福！为此，我深深地感恩于各位的智慧奉献！如果幸福应该分享，我想，不仅我们在座的各位应该或者已然有了幸福的分享，而且我们还应该寄希望于广大的社会民众能够分享我们的这种幸福！甚或，如果我和在座各位足够幸运的话，我们还可以寄希望于更多的人，尤其是那些关注我们的社会和幸福生活的人们，能够参与我们的对话，贡献他们的智慧、心力和热情，创造出更加幸福的思想对话和情感交流。倘若如此，我们的此次对话就有可能成为一种永流不竭的幸福之源，沐浴于幸福的汪洋大海也将变得真实可期了。

祝愿"幸福广东"！祝愿"幸福中国"！期待"幸福世界"！

# 后记

在春天来临的日子里,人们对春的希冀、想象和追寻究竟是什么?我想,最简洁也最真实的答案一定是"幸福"二字!幸福多么美好!可是,在很长很长的时间里,我们似乎不太习惯说出这两个字,或者不愿意直言幸福,甚至早已遗忘了"幸福"二字的本真含义。仿佛我们希冀的只是忙碌,而忙碌便是生活本身,一如我们把挣钱或者劳作当成了生活的目的。于是,揪心、疲乏与焦躁之后,我们发现,希冀越多,心情越是沉重,心灵越发不安,思绪日益混乱。无法摆脱的心思是,即令如此,我们希冀依旧,追寻依旧,烦躁依旧。我们不得不寻求某种或者某些心灵的解脱,或者是疑惑的解答!

更为重要的是,这情景似乎也不仅仅凸显于我们每个人的心底,也渐渐凸显为我们这个社会日趋普遍而尖锐的问题:为什么人们会"端着碗吃肉,放下筷子骂娘"?为什么我们的物质生活大为改善而我们的精神生活却没有随之改善?究竟怎样我们才能变得不那么烦躁,不那么焦虑,不那么怨恨?偌大的生活世界里难道就找不到一片惬意的净土?或者,哪怕是一份淡淡的愉悦心境?如此等等,确乎构成了我们心底和现时的社会不得不直面的连环结。人们期待着第一声春雷滚过冬季冰封的大地,洞开这些疑惑的时刻和人们郁结既久的心空。

南方的春天总要来得早一些。新春伊始,从南方羊城真的传来了第一声春天的惊雷:在广东省新年"两会"上,传出"幸福广东"的官方新辞,一时间传遍东西南北,引来无数评说。于我,一位久居黉门却常常心系当下的伦理学者抑或所谓"现代知识分子",听到"幸福广东"一语的感受是如此激动而丰富。起初,有如别梦依稀春又至,窗前几声燕归来;徐来些许清新,但更多是习以为常;继而,仿佛当阳一喝断流水,羽扇三摇拂广庭,不禁若有所思,颇感耐人寻味;最后,竟然虎啸群岭空音远,风穿莽林碧浪高,于是沉潜思绪,汇聚心力,庶几已有曲径通幽,别见洞天之感。我开始明白,当"幸福"不再只是作为个人美好生活的理想,而是作为一直处在今日中国改革开放前沿地带的南国广东之社会发展目标时,幸福便不仅仅是一种古老的伦理学理念,而必定会擢升为一种崭新的社会发展战略,一种被哈佛大学原资深校长博克先生称之为"幸福政治学"的全新社会管理理念。我甚至很快便确信,这是一种中国特色社会主义"幸福新政"的时代宣言和庄严承诺。

巧合的是,我与"幸福广东"的机缘随之而来:初春3月,我应邀回中山大学参加母校哲学系五十周年庆典。在庆典盛会上,我被给予一次表达感恩的发言机会,发言时,有些醉意的我被记忆拉回到那些曾经诗意的岁月,于是,心到动情处风起云涌,言由胸底出,竟有一番慷慨,几多掌声。脚步坎坷地走下讲台,来不及抚平心跳,便遇到二位学兄——蒋斌和田丰,他们一个劲儿半是邀请半是怂恿地要我再次走上"岭南大讲坛",并且不由分说地下令我讲讲"什么是幸福"。

可是,究竟何为幸福?其实我从来就没有真正弄懂过,即便在北大、清华的讲台上反反复复地多次跟我们的学生们讲过诸如亚里士多德的幸福伦理学之类,但至今也没有给出个哪怕是基本明晰的答案。我深知,关于幸福,绝不仅仅是个知识理论问题,其间多少实践智慧,多少春秋文史,多少感天动地的传说!然而,师兄之约难违,3月底,我终究还是硬着头皮走上了"岭南大讲坛",在广东科学馆的报告厅里面对着满座的广州市民,将我对幸福仅有的理解尽情托出。据说报告厅旁还开了个分场,足见人们对幸福问题有多么关注!我了解,孙中山先生领导中国近代民主革命的最高理想就是民族国家的富强和人民的幸福,但在先生的故乡放言幸福,无论如何都是一种有些孟浪的冒犯。职是之故,我的整个演讲始终没有摆脱紧张与惶恐。我必须承认,这一次的演讲在我的诸多演讲中即使不算是最差的,也肯定算不上是出色的。

让我意外的是,回到北京一周后,我接到广东方面的消息，4月6日中共中央政治局委员、广东省委书记汪洋先生便读到广东中国市场经济研究会《参考文丛》摘编的我的演讲录音整理稿，并作出"印送省委领导、各市、各部门领导阅读"的批示。随后，我又应梅州市、深圳市等地的邀请，先后做了《以人民幸福为社会发展的最高目标》和《幸福新政》的学术报告。不久，我接到了4月29日汪洋书记给我的回信，希望我和我目前负责的中国伦理学会继续支持"幸福广东"的理论研究。5月初，我应广东岭南文博研究院的邀请，再赴广州，与广东哲学人文社会科学界的专家学者和广东省政府有关部门的官员，就"幸福广东"的议题展开学术对话。

对于我，这种对话方式无疑是新鲜的，也深受启发。对话是自由的，也是富有成效的，海阔天空，无所不及，与会者相互交流、相互发问、相互讨论，乃至相互批评。我真诚地感谢参与此次学术对话的广东学界同仁！他们来自经济学、社会学、政治学和哲学等学科领域，为对话带来了不同学科、不同视角、不同经验的学术资源和思想能量，他们的许多见解对于我都具有新知启蒙和理论学习的意义。从他们的谈话中，我不仅学习到许多新的知识、新的方法、新的问题意识和新的解决之道,而且了解到许多来自广东改革开放实践鲜活的地方性知识,那是我从任何书本上都无法获得的。

现在,广东省出版集团下属的广东教育出版社又将此次对话的内容整理出版,不啻为我们的探讨打开了一个新的更大的对话平台,它使得我们的对话有可能扩展到广大的读者,形成一种真正意义上的民主开放的公共对话。对此,我充满期待。如果这本对话整理文本能够作为社会公共对话的引子,或者参考,或者引起广大读者的关注和回应——无论是批评的,还是赞同的,抑或是留有疑惑的,那不仅是此次对话本身的话语力量或思想魅力,更主要是因为我们对话所聚焦的主题及其深远的社会历史意味:"幸福广东"的真义是人民幸福,人民幸福才是中国特色社会主义的根本目标,也是科学发展观所要表达的终极意义。

为此,我们有理由也有信心持守幸福生活的希望,一如农夫眼前的春绿秋黄,牧童口中悠扬的笛声,以及所有步履匆匆的人们心中的梦想。不是么?在我即将写完这篇后记的时候,我分明从窗前微微露出的霞光里看见了遥远的南方的岸,那一定是等待着我扬帆远航的地平线,在那无垠的大海上,你和我都会打捞起沉甸甸的希望。然而我真正想说的是，不管我们眼前的风浪有多高，也不管我们可能会有多大的打捞收获，我们都不能忘记遥远的岸边，翘首期盼着我们回归的孩子和老人，他们的期盼是我们打捞收获的真正动力和真实目的！

　　万俊人 谨记
　于辛卯仲夏夜凌晨时刻